Cocina mexicana vegetariana *hoy*

Gloria Cardona

Cocina mexicana vegetariana *hoy*

ELEMENTOS NUTRICIONALES

EDITORIAL
PAX MÉXICO

EL LIBRO MUERE CUANDO LO FOTOCOPIAN

Amigo lector:

La obra que usted tiene en sus manos es muy valiosa; en ella, su autor ha vertido conocimientos, experiencia y años de trabajo. El editor ha procurado una presentación digna de su contenido y pone todo su empeño y recursos para difundirla ampliamente, por medio de su red de comercialización.

Cuando usted fotocopia este libro o adquiere una copia «pirata» o fotocopia ilegal del mismo, el autor y el editor dejan de percibir lo que les permite recuperar la inversión que han realizado, y ello fomenta el desaliento de la creación de nuevas obras.

La reproducción no autorizada de obras protegidas por el derecho de autor, daña la creatividad y limita la difusión de la cultura, además de ser un delito.

Si usted necesita un ejemplar del libro y no le es posible conseguirlo, le rogamos hacérnoslo saber. No dude en comunicarse con nosotros.

Editorial Pax México

COCINA MEXICANA VEGETARIANA HOY
Diseño de interiores: Angélica Pereyra Perea
Ilustraciones: Marisol Fernández

Av. Cuauhtémoc 1430, Col. Sta. Cruz Atoyac,
03310, México, D.F.
Tel.: 5605 7677 • Fax: 5605 7600
Correo electrónico: editorialpax@mexis.com

ISBN: 968-860-474-7

Impreso en México / *Printed in Mexico*

A Jaffet, Ayocuan y Dharana,
mis amados hijos e hija.
A las Jesusitas, mi mamá y mi
abuelita, porque me enseñaron
el arte de cocinar y a caminar
valiente por la vida.
A Marco Antonio, mi querido papá.

Sobre la autora

Tapatía de origen, Gloria Cardona realizó sus estudios en la Universidad de Guadalajara.

Graduada como Terapeuta en el Centro Internacional de Capacitación en Salud Holística.

Autora del libro *La salud por la alimentación*, publicado por Árbol Editorial, México, 1982.

Su esfuerzo ha estado siempre dirigido a la investigación en materia de nutrición. Su interés principal la ha llevado a trabajar en sectores rurales, con campesinos e indígenas.

Autora del taller "Nutrición alternativa", el cual ha impartido en México, Centro América y El Caribe.

Miembro fundadora y de la dirección colectiva de Ecosolar, A.C. y de Yancuic Metztli, A.C. (Luna Nueva), instituciones dedicadas al ecodesarrollo comunitario desde 1984.

Su tarea fue reconocida por el premio nacional Zazil 90, otorgado a la labor de la mujer mexicana.

Índice

Introducción

Pasear por los mercados en México es una verdadera fiesta. Colores y sabores se ofrecen en los puestos de frutas y verduras, acompañados por las entonadas voces de las mujeres diciendo:

"¡Las guanábanas marchantita!"

"¡Los nopalitos para la ensalada!"

"¡Cilantro, quelites y pápalo! ¿Cuáles yerbas va a llevar?"

"¡La fruta marchantita: pitayas, tejocotes, arrayanes y jícamas!"

Toda esta fiesta se lleva a la cocina mexicana donde se prepara una gran variedad de platillos: los chiles rellenos, el arroz con verduras, los chilaquiles, las tortitas de calabaza y papa, el exquisito mole poblano, el pozole, el atole, las tortillas, las quesadillas, el agua fresca y un sinfín de platillos más.

Para los mexicanos la comida es un ritual muy importante. Está siempre presente para celebrar los cumpleaños, para agasajar a las visitas y para ofrecerla en los altares del día de muertos. Según la concepción del ritual, los alimentos poseen efectos terapéuticos y a través de ellos también se logra restablecer la salud.

Nuestros antepasados clasificaban los alimentos en calientes y fríos; cuando alguna persona se enfermaba, suprimían los alimentos que hubieran originado tal condición y los incorporaban después, paulatinamente, hasta regular de nuevo la temperatura, lo que restablecía la salud de la persona.

Es indudable que la base de las civilizaciones más importantes tiene que ver con el desarrollo de la agricultura y el logro de una dieta balanceada. Cada una de las grandes culturas ha aportado un cereal a la humanidad: México, el maíz; China, el arroz; Egipto, el trigo; África, el sorgo. Los pueblos antiguos de México llegaron a formar culturas muy ricas y con grandes tradiciones, logrando desarrollar el arte, la medicina, la astronomía y la agricultura.

Con el paso del tiempo, la dieta del mexicano se ha visto influenciada por el intercambio cultural y por la sociedad de consumo de esta época y debido a ello, algunos alimentos que constituían la base de nuestra dieta han cambiado por otros.

A lo largo de los últimos quince o veinte años se ha transformado la manera de alimentarnos en forma determinante, y podemos decir que ahora tenemos una dieta internacional.

En la actualidad nos remitimos necesariamente a las costumbres alimenticias de nuestros antepasados, pues los estudios de nutrición de las corrientes de vanguardia hacen hincapié en retornar a la naturaleza como principio básico para mantener la salud.

Desde el punto de vista salutogénico encontramos como estos cambios en los hábitos de alimentación se reflejan a nivel de salud pública presentando por períodos de tiempo o generaciones de individuos indicadores tales como: cuando se ha llevado una dieta adecuada encontramos, prolongación en la longevidad, aumento de talla y peso, resistencia a enfermedades, desarrollo adecuado del individuo. En cambio cuando la tendencia de la dieta es a los excesos en consumo de: calorías, grasas saturadas, colesterol y deficiencia en carbohidratos complejos y fibra se producen padecimientos como diabetes, hipertensión arterial, enfermedades cardiovasculares, caries dental, obesidad, estreñimiento, colitis, diverticulitis, cáncer de colon. En el caso del consumo de dietas deficientes encontramos como consecuencia desnutrición, padecimiento de enfermedades infecto contagiosas, muerte prematura en infantes, desarrollo deficiente entre otras, la desnutrición aún exsite en nuestro país con índices bastante elevados.

Según las últimas investigaciones del Instituto Nacional de la Nutrición, el factor genético también influye en la salud de una población, en México, la dieta original a base de frutas, verduras, granos, platillos sin grasa y carnes magras, creó seres genéticamente sensibles a los excesos de grasas saturadas, carnes rojas y carbohidratos refinados reflejándose esto en casos como el padecimiento de Diabetes en México detectado como el más alto a nivel mundial, se cree que tiene una relación directa con la genética. La preocupación es ahora como lograr revertir estos procesos, por lo que se está creando una campaña a nivel de salud pública para concientizar a la población mexicana de la importancia de consumir una dieta saludable y equilibrada.

Se dice que nos encontramos en la culminación de la civilización denominada moderna. Los grandes descubrimientos de la ciencia y la tecnología están dejando ver sus efectos y, de ahí surgen dos vertientes: la primera formada por los grupos que consideran que todavía podemos continuar con este modelo de desarrollo convencional por muchos años más; la segunda integrada por grupos que frente a la evaluación de hechos tales como contaminación, destrucción de la naturaleza, enfermedades crónico-degenerativas y debilitamiento del sistema inmunológico, entre otros, proponen construir los cimientoso de una nueva época, basándose en el respeto y la reconstrucción de la naturaleza.

De acuerdo con esta última vertiente, se propone una forma de vida holística, donde se integren los múltiples factores que intervienen en el desarrollo de los individuos, tanto en su cuerpo físico, mental y emocional, como espiritual. Así mismo, se considera de suma importancia la relación de los individuos entre sí y su relación con la naturaleza.

Con este documento deseo contribuir a mejorar la calidad de vida de aquellos que, como yo, buscan mejores opciones.

Se dice que nos encontramos en la culminación de la civilización denominada moderna. Los grandes descubrimientos de la ciencia y la tecnología están dejando ver sus efectos, y de ahí surgen dos vertientes:

La primera formada por los grupos que consideran que todavía podemos continuar con este modelo de desarrollo convencional por muchos años más; la segunda integrada por grupos que frente a la evaluación de hechos tales como contaminación, destrucción de la naturaleza, enfermedades crónico-degenerativas y debilitamiento del sistema inmunológico, entre otros, proponen construir los cimientos de una nueva época, basándose en el respeto y la reconstrucción de la naturaleza.

1

Cazadores y recolectores

En la región conocida como Mesoamérica, que abarcó lo que hoy ocupan México, Guatemala, Belice, el Salvador, parte de Honduras, Nicaragua y Costa Rica, se han encontrado vestigios de pobladores con 21 mil años de antigüedad.

Se cree que el hombre prehistórico pasó por estos lugares proveniente del norte del continente rumbo al sur, dejando rastros como vasijas y utensilios que dan fe de su antigüedad. Los restos humanos que se han encontrado en México datan de 12 mil años atrás, aproximadamente.

Para sobrevivir en su constante caminar, el hombre prehistórico, nómada, se valía de la caza y la recolección de alimentos. Con el paso del tiempo y gracias a la observación de los cambios climatológicos y con ello de los cambios en la naturaleza, fue descubriendo la agricultura, método que le permitió convertirse posteriormente en sedentario. A partir de entonces se dio el paso hacia las grandes civilizaciones.

En las culturas mesoamericanas, como en todas las civilizaciones antiguas, existió un sistema alimentario natural e intuitivo que proveía de todos los nutrimentos indispensables para el pleno desarrollo psíquico y corporal del ser humano.

Los grupos de cazadores-recolectores obtenían sus alimentos de la caza o de la pesca, ya sea que se encontraran en la sierra o en la llanura, o bien cercanos a ríos, lagunas o a orillas del mar. Recolectaban frutos, vegetales, raíces y semillas que –dependiendo de la estación del año– consumían.

Todos los grupos pasaron por el estadio caza-pesca para sobrevivir, llegando después a organizarse y a convertirse en civilizaciones –actualmente existen en el mundo muy pocos grupos que tienen como único método alimentario la caza y la pesca. Sin embargo, en el esplendor de la civilización mesoamericana, la caza y la pesca prevalecieron aun cuando la población era ya sedentaria, debido a que existían pocas especies de animales domesticables como el guajolote o *huexólotl* en náhuatl, *ulum* en maya, y el perro llamado *xoloiz-cuintle* (*xólotl*, monstruo o desnudo; *izcuintle*, perro), a los cuales, cuando estaban bien cuidados y gordos, se les llamaba *tlachichi*.

El *xoloiz-cuintle*, como muchos animales prehispánicos, se encuentra en extinción. Sólo quedan algunos bajo la custodia de particulares amantes de la conservación, y se encuentran muy pocos en estado salvaje en la selva lacandona de México y en Guatemala.

La enorme variedad de fauna comestible era disfrutada principalmente por la nobleza. Los plebeyos sólo comían carne en días festivos y ceremoniales, de ahí que la alimentación mexicana se haya desarrollado a base de vegetales y semillas, logrando satisfacer las necesidades indispensables para el cuerpo. La cocina mexicana nos ofrece gran variedad de platillos elaborados con vegetales.

La caza abarcaba una gran variedad de animales como venados, pecaríes o *coyámetl* en náhuatl (similares a los jabalíes europeos, con una carne parecida a la del cerdo), zorrillos o *épatl*, mapaches, ziragüeyas, comadrejas, topos, tlacuaches, armadillos o *ayotochtli* (que significa conejo- tortuga), ardillas, tuzas, liebres, topos, iguanas y culebras, entre otros. Se dice que la carne de víbora de cascabel era de las más preciadas.

En cuanto a la pesca, también consumían una amplia variedad de peces de agua dulce o *iztamichin*, que significa pez blanco, y peces de agua salada o *tlacamichin*.

Al valle de México llegaban los peces traídos de las costas que se conservaban deshidratados o salados, y en ocasiones se conseguían frescos. Solamente Moctezuma II comía a diario pescado fresco, traído directamente de la costa por veloces corredores conocidos como hombres posta, quienes utilizaban el sistema de relevos para hacerlo llegar en pocas horas.

Comían además batracios o ajolotes *axolotl atl, que significa* agua y *xolo*, desnudo o perro monstruo.

Xólotl, hermano gemelo de Quetzalcóatl, tenía como destino, al igual que los otros dioses, el ser sacrificado para que los hombres pudiesen tener sol. Con el objeto de escapar se lanza al agua y se convierte en axolotl; aún así fue atrapado y sacrificado.

(Tomado de *La historia de las cosas de la Nueva España*, de Sahagún.)

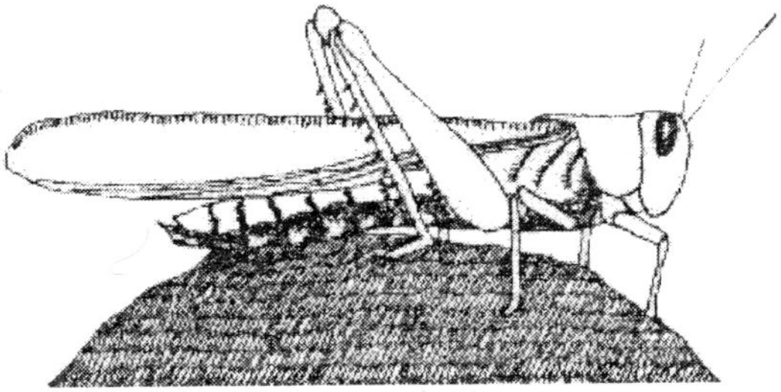

Los ajolotes eran alimento exclusivo para las altas jerarquías, lo mismo que las ranas. En cambio los renacuajos, larvas de las ranas, se destinaban a los pobres.

En los lagos se cazaban 50 variedades de aves acuáticas, principalmente patos u *oactli* en náhuatl. Los cazaban de diferentes maneras: con flechas, redes, ondas, cerbatanas y con un pegamento especial que esparcían donde sabían que se posaban las aves. De ellas aprovechaban la carne, los huevos y algunas plumas de bellos colores y texturas.

Los insectos también formaban parte de su alimentación, proporcionando una buena fuente de proteínas. Éstos se conseguían según la temporada del año. Jumiles, chapulines y escamoles (larvas de hormigas); chinches y moscas acuáticas; gusano elotero *cinocuile*, o *cuile* en náhuatl; gusano blanco de maguey, llamado *champoloco*, *meocuilin* o *pecah* en náhuatl; gusano rosado de maguey o *chimicuile*, y hormigas comestibles conocidas como chicatanas.

A partir de la conquista se introdujeron a México animales domésticos, ganado vacuno, ovino y caballar, aves como la gallina, destinados al uso y consumo de los conquistadores.

Los indios, negros y las mezclas de sus razas no tenían permitido comer carne ni tomar leche. En los tres siglos que duró la dominación española no se dio el pastoreo en México como costumbre del pueblo, ésta surgió posteriormente.

4

Agricultura

Su historia

Los vestigios de la agricultura en el territorio de Mesoamérica datan de 5 mil a 7 mil años aproximadamente, según los hallazgos prehistóricos encontrados en el valle de Tehuacán, Puebla, dentro del Altiplano Central.

En las zonas conocidas como la Costa del Golfo, Occidente de México, Región Oaxaqueña y Región Maya encontramos que debido a que la mayor parte del territorio se ubica en zona tropical, la agricultura se practica con el sistema de roza, basado en la tumba y quema del bosque donde la siembra se realizaba con coa o espeque. A pesar de sus evidentes limitaciones como lo delgado del suelo tropical, en términos horas-hombre por kilogramo de alimento producido es uno de los sistemas de cultivo más rendidores en el mundo.

Con respecto al sureste mexicano, Campeche y Quintana Roo, en el área del río Bec y en el aluvión del río Candelaria hay vestigios de terrazas y campos elevados que evidencian la pasada existencia de una agricultura intensiva.

En el Altiplano Central de Mesoamérica surgió un sistema agrícola intensivo representado por la técnica llamada chinampa, *chinamitl* en náhuatl, el cual era, en su origen, un jardín flotante. Se construía con una armazón de troncos delgados sobre los que descansaban transversalmente varas de carrizo que sostenían capas alternas de vegetación y de cieno extraído del fondo del lago, y una cerca de cañas alrededor, para evitar el deslave; posteriormente el jardín flotante se fijaba al suelo. Entre chinampa y chinampa se formaban canales por donde transitaban las chalupas. Las favorables condiciones de la tierra vegetal, la humedad y el drenaje permitían una sucesión de varias cosechas al año.

En Mesoamérica se desarrollaron varias civilizaciones, siendo las más sobresalientes los olmecas, los teotihuacanos, los toltecas, los mayas y los mexicas o aztecas.

Su organización social estaba formada por grupos de agricultores, escultores, comerciantes, guerreros y sacerdotes, quienes poseían conocimientos astronómicos que aplicaban para determinar los ciclos agrícolas.

Existían dos clases sociales: una formada por sacerdotes y comerciantes, y otra que comprendía a los artesanos y agricultores.

A su llegada a Tenochtitlán, los españoles fueron testigos de la manera como se realizaba el comercio, al encontrarse con los mercados o tianguis. Al llegar a la plaza de Tlatelolco se sorprendieron de la multitud, cuyo zumbido de voces se escuchaba a más de una legua de distancia. Incluso, algunos de ellos dijeron que ni en Constantinopla vieron un mercado tan grande, tan bien surtido y con tanta gente.*

Los mercaderes vendían sus productos sentados en petates. En los puestos de semillas había maíz, frijol, amaranto y cacao, alimentos básicos de Mesoamérica, así como chía, vainilla y tabaco.

Otros ofrecían una gran variedad de verduras y frutas: calabazas, jitomates, chiles, arrayanes, zapotes, capulines, guanábanas, etcétera. Había comerciantes que ofrecían infinidad de flores y plantas. También se encontraban telas de algodón, joyas, cerámica de barro y artesanías con plumas. Aves vivas como guajolotes, loros, codornices y patos eran ofrecidas a la venta.

Los yerberos curaban ahí mismo las enfermedades del cuerpo y las del alma; proponían yerbas para curar todos los males.

Se encontraban puestos de alimentos preparados donde se comía mole, atole,

* Tomado de la descripción del cronista Bernal Díaz del Castillo citada en *Los señores del maíz*, de Virginia García Acosta).

tamales, aguas frescas y una gran variedad de dulces.

Los tianguis, organizados por los comerciantes, considerados dentro de la nobleza por la importancia de sus actividades, transportaban en caravanas humanas los productos artesanales a otras regiones y regresaban cargados de mercaderías que ofrecían a la venta en Tlatelolco, donde concurrían comerciantes de todo Mesoamérica a realizar sus compras.

La mayor parte del comercio se realizaba por medio de trueque o intercambio de productos. En los últimos años el cacao fue usado como moneda.

Los mayas eran grandes comerciantes tanto en su región como en Centroamérica y lo que hoy es Venezuela, lugares a los que llegaban por mar.

Después de la conquista por los españoles, los sistemas agrícolas se afectaron enormemente, el cultivo intensivo de la zona tropical se perdió y en el Altiplano se tuvo también una gran merma en el sistema de chinampas, aunque sí se pudo preservar.

El sistema agrícola que impusieron los españoles afectó enormemente la producción agrícola. Fue hasta mediados del siglo XVII que se inició la lenta recuperación, lográndose al inicio del siglo XVIII.

Una vez que se empezó a reajustar la nueva forma de vida en Mesoamérica se pudieron apreciar y evaluar los métodos agrícolas traídos de España como el arado egipcio, la yunta o arado tirado por animales, y algunas técnicas de manejo de suelo y agua, con lo que se pudo mejorar la producción.

La forma agresiva de los españoles para imponer sus costumbres llevó a la colonia a establecer una organización social muy compleja, con estructuras bastante rígidas, formando así un Estado déspota e inflexible que logró eliminar la organización social indígena.

Alimentación

La alimentación en Mesoamérica se valía de la caza, la pesca y la recolección.

Debido a que existían pocas especies de animales domesticables, la caza y la pesca prevalecieron como costumbre aún en los albores de la civilización.

En Mesoamérica el mundo vegetal era base muy importante de la alimentación, en él encontramos una gran variedad de vegetales, frutas, cereales, leguminosas y semillas.

A través de las plantas se logró también conseguir recursos medicinales muy importantes hasta nuestros días. Toda esta riqueza se considera una gran contribución a la cultura universal.

La alimentación básica se componía de maíz, frijol, chile y amaranto, *tlaolli, etl, tzilli* y *huahutli* en náhuatl, respectivamente, así como de las verduras de temporada: *xictomatl* o tomate rojo, *miltomatl* o tomate verde y *ayutli* o calabaza. Las verduras que más se cultivaban eran:

El chayote, que también se comían la raíz o chinchayote, que se obtenía cuando la planta ya tenía muchos años y había que renovarla.

La calabaza grande era muy utilizada por su versatilidad, ya que se consumía fresca o tierna en guisados; sazona o añeja, se dejaba secar a la intemperie por varios meses y con ella se elaboraba dulce. Las semillas llamadas pepitas se tostaban en el comal y se comían con sal como golosina o botana, o bien tostadas y molidas se usaban para hacer mole verde o pipián que se guisaba con la calabaza fresca. La cáscara de esta calabaza se endurece con el tiempo, lo que permitía conservar su pulpa, y una vez extraída la pulpa, la cáscara se usaba de diversas formas, para almacenar semillas y para tomar agua, entre otras.

El chilacayote, de la familia de la calabaza pero más pequeño, también se comía fresco, o bien, se dejaba secar para hacer dulce, aunque menos tiempo que la calabaza.

En tiempo de lluvias se recolectaba –como se sigue haciendo hasta la fecha– una gran variedad de hongos y de yerbas con los que se preparaban infinidad de platillos.

No faltaban los quelites (*quelitl* en náhuatl), ni los quintoniles, verdolagas, huahuzontles, epazote, cilantro y pápalo, que más tarde se cultivaron principalmente en chinampa.

Un alimento básico para los mexicas fue el nopal o *nopalli* y su fruta, la tuna o *nochtli*, tan característicos de su cultura que son símbolo de la mitología de Tenochtitlán.

Frutas y semillas

Dentro de este universo de vegetación no pueden faltar las frutas silvestres y cultivadas, de zona caliente, fría y templada, cuyos sabores y variedades son un deleite para el paladar. Entre ellas están: chirimoya, anona, guanábana, tamarindo, arrayán, guayaba, capulín o cereza de América, piña, papaya, plátano Tabasco y macho, naranja, lima, jícama, tejocote, y ciruela amarilla, roja y anaranjada.

Frutas dulces, ácidas y de sabores similares a los manjares del paraíso de Tlalocan, proporcionan las vitaminas y minerales que requiere una dieta balanceada.

Tenemos también el aguacate o *ahuacatl*, que significa árbol de testículos. En México se utiliza como verdura, aunque científicamente es una fruta; en Sudamérica sí se usa como tal.

En semillas tenemos una gran variedad: oleaginosas, leguminosas y cereales; cacahuate o *tlalcacahuatl* o cacao de la tierra, ajonjolí, chía, amaranto, cacao.

Del cacao se conocían tres tipos que se diferenciaban por su tamaño: el grande llamado *quauhcacahuatl*, el mediano llamado *mecacahuatl*, y el chico, *xochicacahuatl*.

El cacao era una semilla tan importante que se empleaba como tributo al emperador y como moneda. Para consumo, se usaba principalmente tostado y molido, disuelto en agua caliente con canela y miel, obteniendo así una bebida muy gustada: ¡el chocolate! Su efecto es estimulante, según nuestros antepasados "produce alegría y en ocasiones despierta el apetito". El botánico Lineo llamó al cacao "teobroma o alimento de los dioses", ya que la teobromina es un alcaloide similar a la cafeína, cuyo efecto es estimular el sistema nervioso, manteniéndolo despierto o alerta.

Para nuestros antepasados la comida, además de mantener a la gente saludable, se ofrecía para reverenciar a personas importantes como visitantes y sacerdotes; el emperador era agasajado todos los días con distintos platillos preparados de variadas maneras, y algunos de ellos traídos de lugares lejanos.

Cuentan los cronistas que estos banquetes impresionaban por su abundancia y diversidad, llegando a incluir, en ocasiones, hasta 30 platillos diferentes, entre los que se encontraban manjares de carne, pescados, hierbas, verduras y frutas.

Moctezuma comía diariamente pescado fresco que le traían de la costa. Al terminar la comida, le servían en su copa de oro espumante chocolate que saboreaba mientras disfrutaba de los cantos y bailes que se ofrecían para amenizar la comida. Posteriormente, las doncellas le acercaban un aguamanil bellamente decorado en el que se lavaba las manos. Luego tomaba un cañuto pintado y decorado relleno de tabaco, que fumaba mientras se despedían los ancianos, sus consejeros.

Como puede verse, la herencia de la comida prehispánica nos acompaña hasta nuestros días, pues al mexicano se le caracteriza por ser buen anfitrión y por ofrecer banquetes en cualquier momento a los invitados o visitas.

Cocina

Para cocinar los alimentos se utilizaban principalmente las técnicas de asado, hervido y al vapor.

La técnica de asar los alimentos es la forma más antigua de cocinar, y la empleaban tanto los aztecas como los mayas. Lo hacían directamente sobre las brasas, sobre el comal de barro, entre las cenizas –conocido como rescoldo– y bajo la tierra.

La tortilla de maíz se cocía sobre el comal; en la elaboración de las salsas era indispensable asar los tomates, jitomates y chiles. La barbacoa, preparación de carne envuelta en hojas de maguey, se cocinaba desde entonces sobre piedras calientes, al rojo vivo, colocadas dentro de un hoyo cavado en la tierra.

La técnica de hervido consiste en someter los alimentos a ebullición. De esta manera, en cazuelas y ollas de barro se preparaban los caldos y las salsas a base de chile, en los que se cocinaban pescados, aves, raíces y verduras.

La técnica de cocinar al vapor se utilizaba principalmente para preparar alimentos envueltos en hoja de maíz, de plátano o de maguey, como tamales y mixiotes. Al cocinar los alimentos al vapor, éstos conservan sus sales minerales y sus vitaminas.

La técnica de freír no se usaba en la época prehispánica. Aunque se conocían varios tipos de aceite vegetal como el de cacahuate, de chía, de cacao y de semilla de calabaza, así como las grasas animales de pecarí, guajolote y armadillo, no existen evidencias claras de que se emplearan para cocinar, con excepción de la manteca de cacao que se usaba en algún guisado o en la bebida conocida como chocolate.

Fue después de la conquista española cuando se adoptó la costumbre de freír los alimentos.

Alimentos tradicionales

Maíz (tlaolli)

El hombre se creó con maíz y se alimentó del mismo y de especies inferiores, varias veces intentó mejorarlo sin lograrlo. Quetzalcóatl se propone crear un nuevo hombre, recorre el mundo de la muerte, recoge los restos de las anteriores creaciones fracasadas, las mezcla y muele con sangre de dioses. Es así como surge un nuevo ser humano, la quinta creación, el quinto reino.

Para Quetzalcóatl era importante alimentar de manera especial al Nuevo Hombre; varias ocasiones observó a una hormiga roja acarrear excelentes granos de maíz, ésta no quería decir de dónde los obtenía; pero la insistencia de Quetzalcóatl fue mayor y finalmente accedió a llevar a Quetzalcóatl consigo, quien se transformó en hormiga y fue conducido al cerro conocido como "Cerro de los Mantenimientos". Quetzalcóatl tomó el maíz y se lo llevó a Taomachán; los dioses lo mascaron y se lo dieron al nuevo ser que, así robustecido, logró permanecer como ser vivo más perfecto sobre la Tierra.

Códice Chimalpopoca

Los mayas nos cuentan, en el Popol-Vhu o *pop-wuj*, sobre varios intentos que realizaron los dioses para crear al hombre, primero de barro, luego de madera, pero resultaba una criatura sin ingenio ni sabiduría, y la hicieron desaparecer por medio de tormentas y diluvios. En el tercer intento utilizaron el maíz, con el cual amasaron al nuevo hombre que resultó un ser perfecto, pensaba y hablaba. Fue así como los dioses vieron coronados sus esfuerzos.

Existen diferentes tipos de maíz y diferentes colores: blanco, gris, azul, amarillo, rosa, rojo y morado; según la leyenda, los hombres creados a partir del maíz tenían diferentes colores de piel.

El maíz se desarrolló a partir de una yerba silvestre llamada teosintle. Tuvieron que pasar entre 2 y 3 mil años para lograr una planta tan perfecta, base de la alimentación de la raza prehispánica. Es un cereal creado por el hombre a través de la hibridación de diferentes granos, y se ha perfeccionado a tal grado que sin el cuidado del hombre la especie puede desaparecer. Se dice que no puede crecer de manera silvestre ya que sus semillas se encuentran cubiertas por muchas capas de hojas, las cuales impiden que se reproduzcan por sí solas.

El nombre de maíz no procede de la lengua náhuatl ni de la lengua maya, su origen es haitiano. La denominación científica *Zea mays* quiere decir "causa de la vida". Los náhuatl llamaban *Cintli* al maíz tierno y *Tlaolli* al añejo. Los mayas lo llamaban *Ixim*.

El maíz es una planta muy versátil ya que se aprovecha completamente, proporciona alimento para el hombre y para los animales, se puede sembrar en cualquier clima, alcanza altísimos rendimientos, produce frutos en poco tiempo, es fácil de almacenar y se conserva por largo tiempo.

Las hojas o *totomochtli* se usan tanto verdes como secas para envolver alimentos y para hacer artesanías.

Los cabellitos de elote se usan como remedio diurético.

El olote es lo que queda al desgranar la mazorca y se usa como combustible.

El *cuitlacochín*, en náhuatl, o cuitlacoche es el hongo que le sale al maíz, y como alimento se considera un lujo.

El gusano elotero se degustaba también como un manjar excepcional.

Cuando el maíz está tierno se conoce como elote, se come en guisados, cocido o asado; cuando se deja secar y añejar es conocido como maíz y se almacena para usarse todo el año.

El maíz es la base de la alimentación del pueblo mexicano. Se come tres veces al día, principalmente en forma de tortillas, que se obtienen del nixtamal. Para elaborarlo, el maíz se desgrana, se lava y se pone a cocinar con agua y tequezquite o *tequixquitl* (cloruro y carbonato de sodio, minerales que se obtienen de las orillas de los lagos del valle de México); una vez que suelta el hollejo o piel, se retira del fuego y se deja ahí hasta el día siguiente; por último, se enjuaga y se muele hasta formar la masa, de la que se hacen las tortillas, los tamales y el atole; con la masa fermentada se elabora la bebida llamada tejuino.

Podemos encontrar diferentes tipos de tortillas, *tlaxcalli* en náhuatl: memelas, chalupas, tlacoyos, picaditas, sopes, tlayudas, gorditas y molotes, pero las más comunes son las tortillas redondas, delgadas y del tamaño de la palma de la mano, que acompañan los tres alimentos del día.

Para enriquecer las tortillas se le puede agregar a la masa ajonjolí tostado o amaranto.

Con las tortillas se elaboran diversos platillos como chilaquiles, entomatadas, enchiladas, enfrijoladas, tacos, papadzules, sopas y totopos, entre otros.

Con el maíz se elaboran atoles, guisados y bebidas que actualmente siguen formando parte importante de la alimentación mexicana.

Nopales (nopalli)

Algunos estudios de arqueología dicen que los primeros pobladores de América vivieron en un lugar denominado Loma del Terremote, en Cuautitlán, Estado de México. Ahí encontraron algunas ruinas en forma de unidad habitacional donde había espacios para casa, patio y huerta; dentro de las casas también hallaron plantas que habían sido recolectadas, algunas medicinales y otras comestibles como el nopal *(Opuntia)*, el maíz *(Zea mays)*, el tomate de bolsa *(Physalis)*, el amaranto *(Amaranthus leucocarpus)* y el capulín *(Prunus)*, entre otras.

En las cuevas de La Venta, en Chihuahua,

se han encontrado restos similares; no obstante la distancia entre estos lugares, observamos cómo la base de la alimentación era la misma en todo Mesoamérica.

El nopal, de la familia de las cactáceas, es originario del continente americano y propio de las zonas áridas; junto con las biznagas, el cardo y el maguey desempeñó un papel muy importante en la vida prehispánica.

El nopal silvestre o cultivado tenía varios usos: como alimento, como remedio curativo y en prácticas religiosas. Se usaba también como planta de ornato y como barda para dividir las parcelas.

Constituyó el emblema de Tenochtitlán, cuyo glifo se presenta con un nopal sobre una piedra y un águila encima devorando a una serpiente sobre el lago de Texcoco; actualmente lo encontramos en el escudo Nacional.

Existen varios tipos de nopales, el nopal grande tierno y dulce se conoce como *Opuntia*, *Ficus-indica* y *O. megacantha*, se cultiva en Milpa Alta, cerca de la ciudad de México, lugar tradicional de los nopales. En Zacatecas y San Luis Potosí encontramos de forma silvestre el nopal cardón *(O. streptacantha)*, que da una tuna roja conocida como tuna cardona; con esta fruta se elabora el queso de tuna, la melcocha y la bebida fermentada llamada colonche.

El nopal chaveño *(O. hyptiacantha)*, el nopal tapón *(O. durangensis)* y el nopal cuija *(O. cantabrigiensis)* son especies silvestres muy apreciadas para consumo humano, y en la actualidad también se emplea como alimento para el ganado.

Asimismo, el nopal se usa como medicamento, obteniendo muy buenos resultados en la curación de la diabetes, y por su gran cantidad de fibra es excelente para ayudar a eliminar el colesterol.

Si se consume asado antes de las comidas ayuda a bajar de peso.

Chiles (tzilli)

El chile es un alimento básico e indispensable en la cocina mexicana. Según estudios arqueobotánicos, es originario de América y tiene 8 mil años formando parte de la alimentación mexicana, así como de sus mitos.

Algunas de sus variedades son el resultado de la hibridación de varias semillas. Pertenece al género *Capsicum*, de la familia de las solanáceas, familia de plantas que han acompañado al hombre a través de la historia; en esta familia están incluidas la papa, el tomate, el jitomate, el tabaco, el toloache y la mandrágora.

Existe una gran variedad de chiles. Además, algunos cambian de nombre al secarse: si el chile poblano queda rojo se llama chile ancho y si queda color café oscuro se llama chile mulato; esta variación depende del lugar donde se sembró. El chilaca se convierte en pasilla, el cuaresmeño o jalapeño en chipotle.

En la tradición popular el chile se relaciona con el falo; en algunos estados como Veracruz, Puebla, Tlaxcala, México y Morelos las mujeres no tienen permitido entrar a los chilares, ya que la superstición dice que traerá maleficio a la siembra y por consiguiente, mala cosecha.

Después de la conquista de América el chile se llevó a muchos lugares del mundo y con el tiempo ha formado parte importante de la comida internacional. Ha sido adoptado en la India y es parte del típico *chutney* y del curry. En Samoa lo usan para elaborar el *kava* –elíxir afrodisiaco para hombres–. Se usa también en la cocina de Indonesia, Francia, Italia y España.

En algunos lugares se ha intentado sembrar sin éxito, ya que pierde su picor; según el creer popular, esto depende del tipo de tierra y también de quien lo siembre.

Además de ser usado como alimento y condimento, el chile tiene otros usos: en la industria del tabaco se mezcla con solventes y oleorresinas para mantener el sabor característico del tabaco; se usa también en pinturas marinas para evitar la adhesión de caracolillos; en la agricultura se emplea para fabricar repelentes e insecticidas y para proteger los cultivos de los depredadores.

Tradicionalmente usado desde la época prehispánica como elemento medicinal y de curación, el chile alivia dolencias de oído y muelas, ayuda a eliminar lombrices, quita infecciones vaginales y úlcera gástrica; cuando falta la vitalidad, el chile se usa como energético, y además alivia problemas digestivos.

Los nutriólogos valoran mucho su alto contenido de vitamina A, principalmente en los chiles secos, y de vitamina C en los chiles frescos, por ello promueven que se siga incluyendo en la dieta del mexicano.

En el ritual de las limpias es un elemento muy importante, ya que al quemarse simboliza que se están quemando los males.

Como afrodisiaco es muy valorado dentro de la tradición de la virilidad en el mexicano, incluso a los gallos de pelea se les da a comer durante su entrenamiento para calentarles la sangre.

Después de las parrandas se le considera "el salvador", ya que ayuda a curarse de la cruda.

El chile caracteriza al mexicano por ser parte importante de su alimentación, al grado de decirse que si no se encuentra en los alimentos, no hay comida.

Se cree que la personalidad del mexicano tiene que ver mucho con el chile: carácter apasionado, bravío y sabroso, aunque después haga llorar.

Amaranto (huahutli)

En el México antiguo la alimentación básica se componía de maíz, frijol y *huahutli* o amaranto, además de chía, chile, tomate y calabaza. Los tres primeros ocupaban la mayor parte de la producción y consumo. Por ser los más importantes se usaban como tributo al emperador.

El amaranto se conocía como *huahutli*, *bledo* o *tzoallitzoal-tzohualli-tzohuatl.*

El *huahutli* se consumía cotidianamente, se tostaba la semilla y con ella se elaboraban tamales, atole, dulces, alegrías (el pan de esa época) y una pasta llamada *tzoalli* que consumían con frecuencia; también se agregaba a las tortillas de maíz.

El dulce de alegría se ha encontrado petrificado en las tumbas sagradas. Como sabemos, la celebración del día de muertos en México es una fiesta muy importante, en ella se festeja a los muertos ofreciéndoles en un altar los platillos que más les gustaban: mole, tortillas, tamales, dulce de alegría; la bebida de su preferencia, pulque o tequila. El altar se adorna con velas, incienso, flor de cempasúchil y la foto del difunto. La música siempre está presente, ya sea con aparatos electrónicos o con el mariachi en vivo. Según las costumbres de cada lugar, el altar puede hacerse en la casa o en el panteón.

El amaranto tenía gran importancia ritual. En las celebraciones religiosas –como en la fiesta de Panquetzali en honor a Huitzilopochtli– se utilizaba para elaborar figuras con forma humana, de serpiente o de cerro que se bañaban de miel, y al final de la ceremonia se repartían entre los asistentes para que se las comieran. Este ritual impresionó mucho a los españoles, pues lo relacionaron con el acto de la eucaristía de la religión católica, lo cual les pareció un paganismo e inmediatamente prohibieron el uso del *huahutli*, tanto para las festividades religiosas como para el consumo cotidiano.

A fin de erradicar una costumbre tan arraigada, los españoles quemaron los cultivos de *huahutli* y amenazaron con mutilar o matar a quienes lo siguieran sembrando y consumiendo.

Fue así como se perdió la tradición del cultivo y consumo del amaranto, y con ello una invaluable fuente de proteínas.

Sin embargo, por ser una semilla muy noble, el amaranto siguió creciendo entre los sembradíos en forma silvestre. En algunas zonas del país donde quedaron grupos indígenas siguió consumiéndose como verdura, aprovechando las hojas tiernas, y posteriormente se cultivó para el autoconsumo.

Se han encontrado vestigios de su uso y cultivo en muchas partes del continente americano: con los indios hopis del sur de Estados Unidos, con los indígenas de Baja California, los seris y cocopas de Sonora, los purépechas de Michoacán y los zapotecas de Oaxaca, así como en Durango, Tamaulipas, San Luis Potosí, Puebla, Estado de México, Campeche, Yucatán y Guatemala (donde elaboraban un dulce similar a la alegría, llamado niguas).

En América del Sur se le conoce como quinua y aún se consume en Perú y Ecuador; en los demás países se encuentran plantas silvestres de amaranto, pero es poco conocido como alimento. También en África se han hallado vestigios de esta planta.

En México todavía se cultiva y se consume, principalmente en la zona centro del país, en Tulyehualco y Xochimilco. En estos lugares, el amaranto se produce tanto para autoconsumo como para comercializarlo, es de los pocos lugares donde se continúa con la tradición de elaborar el dulce de alegría (antiguamente pan de *huahutli*); de alguna forma, la alegría sigue ligada a la festividad religiosa, ya que al elaborarla se dedica a Dios y se vende en los atrios de las iglesias.

Está comprobado que el amaranto es un alimento rico en proteína y muy equilibrado en su contenido nutricional. Por ello, ya desde hace varios años se le ha dado importancia a su cultivo y consumo a nivel mundial. Además, es un cultivo muy versátil ya que existen semillas para diferentes climas.

Se puede sembrar directamente en la tierra, pero la tradición es hacerlo primero en chapines o semilleros elaborados con el lodo que se extrae de los canales de Xochimilco;

se forman cubitos donde se entierra la semilla. Para cosecharlo se corta la planta y se deja secar; posteriormente, las flores, que llegan a medir hasta 1.30 m de altura, se sacuden sobre sábanas de manta hasta que sueltan las diminutas semillas, y por último se almacenan en costales. Es recomendable sembrar en mayo y cosechar en noviembre.

Amaranto

*Flores (*xóchitl*)*

Tlalocan, paraíso reservado a ciertos muertos, a los que al morir han llegado al reino de Tláloc y Xochiquétzal (dios de la lluvia y diosa de las flores respectivamente), donde gozarán de las delicias que proporciona la abundancia de agua, porque es el sitio de la eterna fertilidad, de la alegría y de los juegos.

Representa el concepto abstracto de felicidad para una sociedad agrícola, como la del altiplano mexicano, porque es el lugar abundante en todo género de riquezas, donde se dan los alimentos más preciados, las plumas más ricas y las flores más hermosas, ya que el agua está siempre presente.

Tomado del libro
Los señores de las plantas, de Xavier Lozoya

Las flores eran y son hasta la fecha un elemento muy importante en la cultura mexicana. Se encuentran presentes en ceremonias religiosas, en fiestas y de manera cotidiana en los hogares, para armonizar y embellecer el entorno.

En la época prehispánica los señores más importantes se presentaban en público con un ramo de flores, que simbolizaba su grandeza. Promovían las festividades florales y por ello se realizaban en distintas épocas del

año; honraban a la diosa Flor Preciosa o *Xochiquétzal*, en náhuatl. Dentro del calendario azteca encontramos un mes llamado *Xóchitl*, que quiere decir flor.

Moctezuma, emperador de los aztecas, tenía un gran jardín botánico que fue admirado por los españoles; los jardines del señor de Iztapalapa, el de Nezahualcóyotl y el de Oaxtepec fueron conocidos por su majestuosidad y la diversidad de sus especies.

En los tianguis había infinidad de flores que se compraban para pagar tributos. En Xochimilco, lugar que destacaba por la calidad de su siembra, la producción de flores era tan importante como la de legumbres. Para los indígenas, las flores son un deleite que alegra al mirarlas, olerlas y al saborearlas.

En México se come una gran variedad de flores, entre ellas, las más conocidas son: calabaza o *xóchitl ayutli* en náhuatl, colorín o *zompantli*, cabuche (de la biznaga), flor de *isote iczotl* o yuca, flor de maguey, flor de mayo o *cacaloxochitl*, huahuzontle o *quauhzontetl* y flor de *cempasúchitl*, que significa flor de muerto.

Su uso en otras culturas

En la antigua China se usaba el rocío de las flores para aliviar padecimientos anímicos como la melancolía, la tristeza, el enojo y la obsesión, con base en su teoría de que las flores tienen las características de una antena que recibe constantemente las energías del cosmos, principalmente las del sol, a través del aire; las de la tierra y los nutrimentos, a través de la planta y la raíz. Debido a esto, al estar la flor en contacto con esa gotita de agua, le transmite todas sus propiedades.

La flor se consideraba un elemento vivo de la naturaleza concentrador de la energía Yin y Yang, esto es, del cosmos y de la Tierra, de ahí que pudiera proporcionar equilibrio en el estado anímico.

En Inglaterra, el doctor Edward Bach (1886-1936) estudió los remedios florales. Afirmaba que la enfermedad es en esencia el resultado de un conflicto entre el alma y la mente; descubrió la influencia de algunas flores en "la forma de ser", sobre todo en los aspectos perturbadores de nuestra personalidad, y así relacionó la cualidad de la flor con la cualidad del alma. Con estos principios creó lo que hoy conocemos como los 38 remedios florales de Bach.

La botánica nos dice que la flor es el órgano reproductor de las plantas angiospermas; es la que genera múltiples transformaciones, ya que los pétalos se transforman lo mismo en estambres (órganos masculinos) que en carapelos (órganos femeninos), por lo que podemos decir que es la máxima expresión de la planta. Como dicen los chinos, es la unión del Yin y Yang.

Para los mexicanos, las flores también representan una relación importante con la parte sensible de los seres humanos, por eso las vemos siempre presentes en momentos importantes como fiestas, funerales, rituales y como se mencionó arriba, en la comida.

Hongos (teonanacatl nanacatl)

Para nuestros antepasados indígenas el mundo vegetal representaba una amplia gama de posibilidades. Aprendieron a disponer de ellas y a darles distintos usos como la construcción de viviendas, el vestido, la alimentación y también formaban una parte importante de sus ritos ceremoniales.

Los hongos alucinógenos eran consumidos por los sacerdotes para ponerse en contacto con los dioses.

Bernal Díaz del Castillo, al referirse a este hecho, comentó: "*...emborrachan, embelesan y hacen ver visiones.*" En las ceremonias, los hongos se consideraban la presencia de los dioses, quienes al ser consumidos lo-

graban transmitir mensajes importantísimos para el crecimiento espiritual del individuo.

En el cerro de Zempoaltépetl, cada 3 de mayo los indígenas hacen una ceremonia para que no falten las lluvias; ofrendan flores y sahumerio ante el "palo del rayo", un árbol al que le haya caído un rayo; le piden que interceda por ellos para que en el futuro los rayos que lleguen a caer no maten a los animales ni a las personas. La creencia es que cada rayo se transforma en un hongo comestible.

Cuando se llegaban a consumir hongos venenosos, llamados *miocani nanacatl*, que significa hongos mortíferos, el antídoto que usaban era la grasa de la hembra del insecto *Coccus axin*, que vive en tierra caliente.

En la época de lluvias la costumbre era comer los hongos de recolección que no fueran venenosos ni alucinógenos; esta costumbre aún sigue vigente, se recogen en parejas, macho y hembra, ya que se considera mejor comerlos juntos, y se deben cortar durante la luna tierna.

Alga espirulina (tecuitlatl *o* tecuitate)

El alga espirulina se consumía cotidianamente en Tenochtitlán y se distribuía hasta los lugares más lejanos mediante los comerciantes. Era abundante en el lago de Texcoco donde la recogían con redes, la mezclaban con sal y formaban maquetas que dejaban al sol hasta que se secaran. Posteriormente se comercializaban.

Cuando llegaron los españoles le llamaron el "queso negro" por la similitud en su forma y sabor con el queso de leche de vaca.

El lago dejó de producir algas durante muchos años, al parecer uno de los motivos fue la contaminación. En 1964, el botánico belga J. Leonar encontró similitud entre el lago de Texcoco y el lago Chad de África Central; este hecho despertó el interés en el lago de Texcoco y para 1973, bajo la dirección de los científicos Durand y Chastel, los técnicos de Sosa Texcoco lograron producir una tonelada diaria de alga espirulina.

El amoxtle, *amomoxtli*, o gelatina de agua se recogía en las lagunas de Zumpango, Tláhuac y Xaltocan, Estado de México, donde se le conoce como cuculin. Esta alga se recogía en canastas, se lavaba, se molía con epazote, chile seco y sal, se extendía en hojas de tamal y se cocinaba al vapor, dando como resultado el platillo conocido como tamal de cocol de lodo. Actualmente, las algas se pueden conseguir en Cuautitlán, Xochimilco y Texcoco.

Clasificación de los alimentos

En la tradición mexicana los alimentos se clasifican como fríos, calientes y templados, esta clasificación no es por la temperatura de los alimentos sino por los efectos que producen en el cuerpo.

De la misma manera se clasifican las enfermedades, por lo que para regular una enfermedad es muy importante estar atentos a la alimentación. Las plantas medicinales son un excelente apoyo en los tratamientos: para un padecimiento de calor se da una planta dulce, para un padecimiento de frío se da una planta neutra.

En Oaxaca, los indígenas de los grupos mixes y triques hacen la siguiente clasificación:

Los alimentos fríos "avientan" el estómago, esto significa que lo inflaman; además causan dolor de estómago, náuseas y agruras. Es recomendable comerlos poco, porque son los más dañinos. Cuando se consumen alimentos fríos en exceso, se sugiere tomar té de limón o de manzanilla, ya que ambos son considerados neutros.

Los alimentos calientes hacen daño sólo cuando se comen abundantemente, y los síntomas que presentan son dolor, inflamación, sofocación y garraspera.

El efecto de los alimentos calientes es de enfriador. Esto sucede de la siguiente manera: cuando comemos chile o alguna especie fuerte como la pimienta, sentimos ardiente el paladar; lo que sucede es que se dilatan los vasos capilares, precipitando la sangre a la superficie de la piel, lo cual provoca sudoración, y cuando el sudor se evapora, queda una sensación refrescante en el cuerpo.

Este tipo de alimentos se da muy bien en climas calientes, que es donde se consumen bastante, como el chile en México.

Cuando uno come alimentos calientes en exceso, se recomienda tomar té de yerbabuena, el cual es considerado dulce y contra-resta los efectos de lo caliente, ya que según la tradición mexicana, los sabores dulces producen frío y humedad.

Los alimentos templados también hacen daño cuando se consumen en grandes cantidades, y se manifiesta por eructos. En estos casos se recomienda el té de poleo, considerado entre dulce y amargo.

La tierra también puede ser caliente o fría, y de ello depende el tipo de alimento que se produzca.

Alimentación contemporánea

Cuando yo era muy joven adopté la alimentación vegetariana como dieta. Esto me llevó a investigar, por lo que tomé muchas clases de cocina vegetariana y finalmente me puse a estudiar nutrición.

El tema de la alimentación me abrió un amplio horizonte que me ha llevado a dedicarle gran parte de mi vida a su estudio y a la docencia.

Principalmente he podido aplicar estos conocimientos en mi trabajo de Desarrollo Comunitario, dando capacitación en el taller denominado "Nutrición alternativa" a promotores del desarrollo, a comités y promotores de salud, y a personas interesadas en el tema.

Al adentrarme en el estudio de la nutrición he conocido algunas corrientes de vanguardia sobre el tema de la salud que reconocen la importancia de una buena alimentación como factor indispensable para mantenerse saludable.

Para lograr este propósito es necesario tomar en cuenta factores tan importantes como son el origen de los alimentos y la manera de cocinarlos, el entorno familiar, las relaciones sociales, la actividad laboral y el desarrollo espiritual.

Para la medicina moderna los únicos efectos sobre la salud atribuibles a los alimentos son la obesidad y la desnutrición, es decir, variables que se pueden medir en cifras; para esta ciencia las cifras cualificables no son de importancia.

El origen de los alimentos nos deja ver cómo a lo largo de la historia hemos ido cambiando la dieta de acuerdo con las influencias del entorno; de esta manera, la alimentación que tenemos ahora en México sólo conserva parte de la antigua tradición y mucho de lo que nos ofrece una sociedad moderna donde la industria y producción masiva son las que nos van marcando las pautas de la época.

Ahora los alimentos se consiguen envasados en cajas, sobres, latas y frascos que necesitan aditamentos químicos para su conservación, lo que permite almacenarlos en grandes cantidades para distribuirlos cuando sea más conveniente; también facilitan el servicio rápido (*fast foods*), muy acorde con nuestra sociedad.

Para conservar los alimentos se someten a altas temperaturas y posteriormente se les agregan aditivos artificiales: saborizantes, colorantes y conservadores; de esta manera se pueden guardar durante largos periodos de tiempo. Al paso de las semanas, meses o años esta conserva llega a la mesa de los comensales; para entonces, el alimento ya perdió la mayoría de sus nutrimentos como vitaminas, minerales y proteínas, entre otros.

Al consumir dicho producto se da al cuerpo un alimento vacío de nutrimentos, además de las sustancias artificiales extrañas al cuerpo, de las cuales algunas logran eliminarse pero otras se acumulan en el organismo, lo que a la larga provoca enfermedades y problemas de salud.

A partir de los años setenta empezaron a surgir algunas enfermedades crónico-degenerativas como diabetes, colesterol, caries, arteriosclerosis, estreñimiento y cáncer; fue entonces cuando los estudios y las investigaciones científicas se dieron a la tarea de buscar el origen de estas enfermedades, encontrando una gran relación con la ingestión de elementos químicos artificiales y los padecimientos; la ingesta de estas sustancias químicas puede ser mediante alimentos, agua, medicamentos y golosinas, así como a través del aire que respiramos. Una dieta pobre también se relaciona con estos padecimientos.

A partir de los años cuarenta se inició una gran transformación, sin precedentes en la historia, en cuanto a los modelos de producción de alimentos.

La llamada "Revolución verde" trajo consigo la producción masiva en la agricultura, principalmente de cereales y leguminosas, logrando con esto duplicar las cosechas.

En 1980, Estados Unidos, uno de los principales productores, logró triplicar la producción de maíz, con lo cual superó el objetivo esperado, consiguió surtir las bodegas de reserva y tener remanentes extraordinarios. Fue necesario, incluso, pedirle a los productores agrícolas que disminuyeran su producción mientras se lograba acomodarla en el mercado.

Con los excedentes de maíz, trigo, cebada, avena, soya, frutas y verduras se lanzaron al mercado mundial los alimentos procesados, para ser incorporados a la dieta diaria. Los alimentos enlatados que originalmente se crearon para alimentar a los soldados en la guerra se pusieron de moda en los supermercados.

Dieta estándar norteamericana (SAD)

Por ser los vecinos inmediatos de Estados Unidos, los mexicanos recibimos directamente su influencia.

La dieta estándar norteamericana, conocida como SAD, que se promovió aproximadamente a partir de 1958, es una dieta con altos contenidos de carbohidratos (46%), de grasa (42%) y de proteínas (12%).

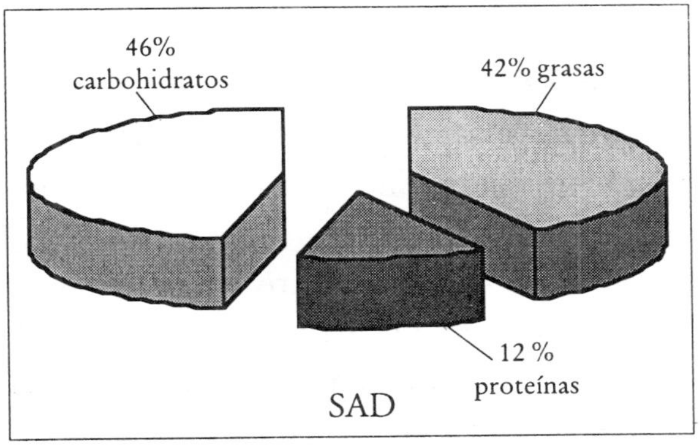

Esta dieta se compone básicamente de:

- Carnes rojas (hamburguesas), tocino y pollo
- Huevos
- Lácteos: queso, mantequilla, crema y leche
- Cereales refinados: trigo (panes, pizzas, pastas) y arroz
- Grasas: aceites saturados, margarinas y mantequillas
- Azúcar refinada: como el principal endulzante para todos los alimentos dulces, hasta para la salsa de tomate catsup.
- Frutas y verduras en conservas: con aditivos químicos, colorantes y saborizantes artificiales

A esta dieta con tantos excesos se le atribuye la causa de las enfermedades llamadas modernas, que incluso se consideran una epidemia para la época.

En 1977, después de realizar diversos estudios, el Comité senatorial de alimentación y necesidades humanas de Estados Unidos (*Senate Select Comittee on Nutrition and Human Needs*) citó la relación directa de la dieta con seis de las diez principales causas de muerte: cáncer, enfermedades cardiovasculares, diabetes, arteriosclerosis y cirrosis hepática, por lo que recomendó reducir drásticamente el consumo de grasa animal, colesterol, cereales refinados, azúcar y sal, así como aumentar el consumo de frutas, verduras, cereales y leguminosas.*

A partir de entonces se recomienda la dieta conocida como RAD, Dieta Norteamericana Recomendada, de la que se obtienen 30% de grasa, 58% de carbohidratos y 12% de proteínas.

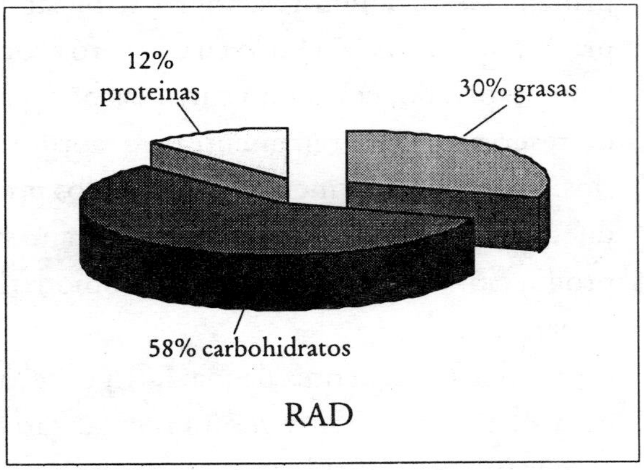

* Tomado de Vic Sussman, *La alternativa vegetariana*, Integral, Barcelona, 1986).

La RAD es una dieta que se considera equilibrada; incluye cereales integrales, leguminosas, sólo carne blanca, lácteos bajos en grasa, disminuye al máximo la utilización de azúcar, aumenta considerablemente el consumo de verduras y frutas, permite alimentos dietéticos y con conservadores.

Con estos cambios en la dieta se logra mantener los índices de padecimientos mucho más bajos.

A partir de 1980 la Organización Mundial de la Salud (OMS) propone, a nivel mundial, tomar en cuenta los siguientes porcentajes de nutrimentos en la dieta:

Gráfica OMS

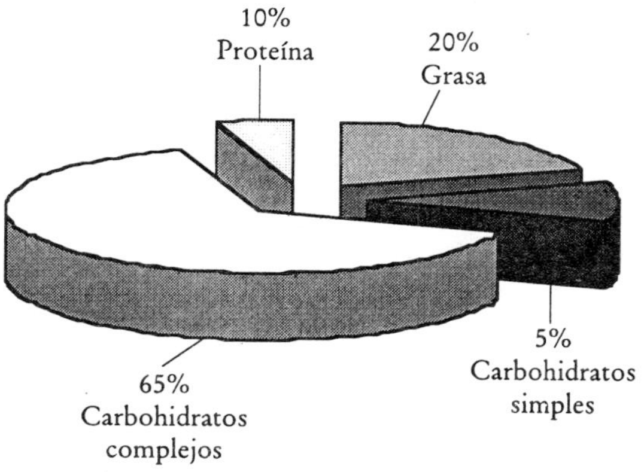

- 20 a 25% de grasa.
- 10 a 12% de proteína.
- 70 a 75% de carbohidratos (65% de carbohidratos complejos y
- 5% de carbohidratos simples).

La Secretaría de Salud en México también promueve el consumo de la dieta de la OMS. Para ello cuenta con folletos, conferencias y videos muy bien documentados, adaptados para las áreas urbanas y para las rurales.

Lamentablemente este programa no ha contado con la difusión necesaria a nivel de los medios masivos de comunicación.

En México, más de la tercera parte de la población vive en áreas rurales y se dedica a la agricultura. El 60% del campesinado está formado por grupos de bajos recursos económicos que viven en la marginación, y los grupos indígenas puros representan 10% de la población campesina.

La influencia de los cambios en la agricultura que se inician con la "Revolución Verde", aunada a la influencia de la industria de los alimentos, ha contribuido a transformar la dieta de una manera alarmante.

Las familias de campesinos sembraban en sus parcelas lo que se conoce como milpa, en la que se cultivaba maíz, calabaza y frijol, suficiente para el autoconsumo. A esto podemos agregar la costumbre de consumir frutas, verduras y yerbas de la temporada. Dichos alimentos son suficientes para mantener una dieta balanceada, pero ante los cambios en la agricultura en los que se le da prioridad al monocultivo, es decir, la siembra de un solo producto, los campesinos se quedan con una gran carencia de alimentos ya que siembran básicamente para el autoconsumo.

A la situación anterior debemos agregar que su poder adquisitivo es muy bajo, por lo que sus ingresos no alcanzan para cubrir el costo tan elevado de los alimentos procesados.

Algunos estudios realizados por George Borgtrom en Costa de Marfil nos dicen que las proteínas importadas en forma de carne enlatada, leche y pescado cuestan once veces más que las exportadas en forma de cacahuate y otras semillas oleaginosas. Este ejemplo es aplicable a cualquier país de los llamados “en vías de desarrollo” que pretende entrar al mercado mundial de las exportaciones e importaciones buscando con esto elevar su economía; como podemos ver, esto no ha sido posible.

Desnutrición indígena

Desde hace 15 años, cuando inicié el taller de nutrición alternativa como parte de mi trabajo en desarrollo comunitario, pude conocer cómo se alimentan los grupos de campesinos e indígenas, tanto del país como de Centroamérica, y me di cuenta de la dieta tan deficiente que llevan.

Hace poco tiempo me encontraba trabajando en la zona Mixe de Oaxaca. Estábamos arreglando el salón para desarrollar el taller de nutrición alternativa y empezaron a llegar las mujeres acompañadas de sus hijos e hijas; estuve observando cómo los niños y niñas que entraban con ellas tenían manchas blancas en la cara.

Conforme se fue desarrollando el tema, las mujeres participaron activamente; por medio de preguntas y respuestas les fui explicando cómo le brindamos al cuerpo los nutrimentos que necesita para su buen desarrollo mediante la alimentación.

Fueron las mujeres las que llegaron a la conclusión de que al proporcionarle a su familia una alimentación balanceada le están dando los elementos necesarios para eliminar las manchas de sus rostros.

El porcentaje de desnutrición en las zonas de campesinos e indígenas es alto; este padecimiento aumenta el riesgo de las enfermedades endémicas e infecciosas. Gastroenteritis, deshidratación y bronconeumonía son las principales causas de mortalidad infantil, dejando una elevada tasa de decesos.

De acuerdo con estudios realizados por la SSA en 1990, si se calcula la mortalidad con base en los nacimientos, encontramos que en niños menores de un año es de 73.3 muertes por cada mil niños nacidos vivos.

El doctor Adolfo Chávez Villasana, Subdirector General del Instituto Nacional de la Nutrición y Jefe de la División de Nutrición Comunitaria, nos dice al respecto:

*En las zonas rurales, 16% de los niños está desnutrido en forma importante. Si en los primeros años de su vida una persona no logra adquirir los suficientes nutrimentos, crecerá con severas carencias que le van a afectar a lo largo de su vida en el crecimiento, el aprendizaje y el rendimiento laboral, y es más factible que adquieran enfermedades crónico- degenerativas. Es indudable cómo las bases de una buena o mala nutrición se cimientan en la infancia. Cabe mencionar que la desnutrición la medimos en relación con el peso al nacer, y el grado uno de desnutrición lo padecen más de la mitad de los mexicanos. La desnutrición en grado uno nos habla de una deficiencia de peso entre 10 y 25% al nacimiento, que difícilmente logra su estabilidad en la infancia. Se asocia con síntomas y con trastornos importantes del desarrollo, acarreando con ello consecuencias en la edad adulta.**

Los niños desnutridos llegan a disminuir hasta 50% su potencial de expresión genética del crecimiento y desarrollo físico.

*Revista *Muy interesante*, México, mayo de 1994.

Los indicadores *talla* y *peso* lo demuestran de manera muy sencilla: en los países desarrollados sólo 3% de los recién nacidos son de bajo peso; en México el promedio es de 8% en las zonas urbanas, en las zonas rurales es de 17% y en algunas localidades marginadas del país se ha registrado hasta 40% de niños con bajo peso al nacer. Generalmente en estos casos la desnutrición empieza en la madre gestante, también desnutrida.

Es muy común en las zonas rurales e indígenas que las mujeres se embaracen en la adolescencia, lo que afecta su desarrollo y el de sus hijos.

Los desequilibrios de la dieta se dan por dos causas:

1. La dieta de los campesinos está desequilibrada por carencias que se transforman en desnutrición y,
2. La dieta de las grandes ciudades está desequilibrada por los excesos, que se transforman en enfermedades crónico-degenerativas y modernas.

La tarea ahora es construir una dieta adecuada al desarrollo social de los individuos, recuperando lo que sea posible de la dieta tradicional y agregándole lo necesario de las propuestas de vanguardia, a fin de elevar la calidad de vida de nuestros pueblos.

Salud y alimentación

Factores de incidencia en la salud

Para mantener la salud es indispensable tomar en cuenta la relación que existe entre los factores social, hereditario, mental y nutricional, así como el tipo de ejercicio físico que se realiza.

Antiguamente se relacionaba la falta de salud con la presencia de una enfermedad; ahora se sabe que al descuidar alguno de los factores antes mencionados, también se merma la salud.

FACTOR SOCIAL. El vínculo de relación entre los individuos crea lazos afectivos y de comunicación importantes para el óptimo desarrollo personal.

El efecto de la relación social en la salud se empezó a estudiar en el año 1977 en California, por el doctor Leonard Syme, quien descubrió cómo las buenas relaciones fortalecen el sistema inmunológico, habiendo más resistencia a las enfermedades y al envejecimiento.

Una buena dosis de amor diariamente, el buen humor y la alegría tienen importantes repercusiones en la salud. Un niño amado y tratado con alegría, comprensión y dulzura crecerá con seguridad y con un buen desarrollo físico.

Factor hereditario. La constitución física nos habla de la predisposición a enfermedades o a la salud. Se puede heredar la debilidad de un órgano. Los malos hábitos de vida pueden ocasionarnos enfermedades y trastornos, así que al mejorar nuestras actitudes cotidianas elevamos la calidad de vida.

Si bien el factor de la herencia tiene que ver con el tipo de debilidad o tendencia a las enfermedades que recibimos de nuestros padres, también es un factor que heredaremos a nuestros hijos, así que lo que hagamos por mejorar la salud será la herencia más valiosa que podamos legarles.

Factor mental. Los efectos de la mente no sólo se reflejan en los pensamientos sino también en la postura corporal y el tono muscular, según estudios realizados por la ciencia llamada Psico-neuro inmunología, creada en 1980 en Estados Unidos, que ha encontrado la relación entre el sistema nervioso y el sistema de las defensas.

Nuestros pensamientos y sentimientos influyen en el sistema inmunológico, y tener resultados positivos o negativos.

La creación de esta ciencia fue impulsada por el doctor Hans Selye, quien describió el síndrome de respuesta o adaptación llamado "estrés".

La buena oxigenación del cuerpo y del cerebro influyen también en la mente, es por esta razón que se recomienda la práctica de algún deporte de tipo aeróbico para mantener en buenas condiciones el sistema nervioso.

Ejercicio físico. El ejercicio es imprescindible para mantenernos en óptimas condiciones de salud, porque así como logra mantener el buen funcionamiento de la mente, también ayuda al buen funcionamiento de los órganos y del sistema circulatorio. Asimismo, contribuye a la mejor asimilación de los nutrientes.

El intercambio de oxígeno a nivel celular quema las grasas y elimina con mayor frecuencia las toxinas.

El doctor Mauricio Padilla, eminente nutriólogo mexicano, menciona en sus cátedras de qué manera los bio-marcadores del envejecimiento prematuro tienen que ver principalmente con los hábitos de nutrición y ejercicio. Menciona que a partir de los 30 años de edad se pierden células musculares y sus terminaciones nerviosas, de ahí la importancia de realizar ejercicio para el fortalecimiento muscular; de consumir una dieta baja en grasas y azúcares, rica en carbohidratos complejos, vitaminas y minerales, y moderada en proteínas.

La capacidad aeróbica, o sea de proveer de oxígeno al cuerpo, también se pierde con la edad, de ahí que se recomienda realizar algún ejercicio de tipo aeróbico como caminar, correr o andar en bicicleta, entre otros, fortaleciendo de esta manera las funciones del corazón y sistema circulatorio. La dieta recomendada es la baja en grasas.

FACTOR NUTRICIONAL. Para el buen funcionamiento del cuerpo necesitamos proporcionarle cantidades adecuadas de luz, agua, oxígeno y alimentos; la calidad de cada uno de estos elementos determina el tipo de salud que se va a generar.

Existen varias enfermedades relacionadas con desequilibrios en la dieta, que pueden ser por exceso o por deficiencia.

Los padecimientos por exceso en el consumo de proteínas, carbohidratos, grasas y azúcares son las llamadas enfermedades modernas, que son más frecuentes en las grandes ciudades. Éstas son: cáncer, diabetes, arteriosclerosis, altas concentraciones de colesterol, artritis, obesidad y estreñimiento. En los niños, problemas de caries, hiperactividad, dislexia, obesidad, diabetes infantil y cáncer, entre otras.

Los padecimientos por deficiencia alimentaria se dan en lugares marginados, principalmente en zonas rurales e indígenas. La desnutrición ocasiona anemia y debilidad en el sistema inmunológico, por lo tanto es más fácil que se adquieran enfermedades infecto-contagiosas que elevan considerablemente las tasas de morbilidad y mortalidad.

Por el contrario, una dieta equilibrada ayuda a mantenernos saludables. Ésta debe ser rica en carbohidratos complejos, vitaminas y minerales; moderada en proteínas, y baja en grasas y azúcares.

Por ello, se recomienda consumir cereales integrales, leguminosas, semillas, frutas, verduras y lácteos bajos en grasa. Eliminar el azúcar refinada así como los alimentos con aditivos químicos y agroquímicos es imprescindible para lograr una dieta óptima. Siguiendo estas recomendaciones se puede agregar a la dieta carnes blancas, aves y pescados, en cantidades moderadas.

Nutrición alternativa

Después de asistir a varias conferencias sobre efectos de los agroquímicos y aditivos en los alimentos, estaba alarmada y pensaba que lo mejor sería ya no comer: es la sensación que nos queda al escuchar esos temas.

Como no podemos prescindir de los alimentos, lo mejor es buscar una alternativa usando la creatividad.

Una de las grandes paradojas que encontramos en estos tiempos es que los alimentos, a la vez que son imprescindibles para mantener una perfecta salud contienen sustancias dañinas que la perjudican (a partir de la utilización de agroquímicos y aditivos).

Nos hemos acostumbrado a conseguir los alimentos en el mercado, tiendas o el supermercado, y en México es difícil conseguir alimentos orgánicos, es decir, libres de agroquímicos y aditivos. Pero si recordamos que el origen de los alimentos es la tierra, podemos intentar sembrarlos en nuestra casa, en el patio, azotea, o en macetas cerca de la ventana, incluso, si es posible, organizarse con los vecinos y hacer una hortaliza en grupo. En la casa también podemos preparar alimentos en conserva, libres de aditivos.

Desde hace 20 años, el tema de la agricultura orgánica empezó a difundirse en México entre diferentes grupos, asociaciones civiles y ONG (organismos no gubernamentales) que trabajan en apoyo al desarrollo comunitario mediante la aplicación de tecnología alternativa, y las que trabajan programas integrales de salud, así como algunos grupos esotéricos.

De esta manera, si tenemos acceso a algunos de estos grupos podremos conseguir alimentos orgánicos y libres de aditivos.

En los pueblos y rancherías también se pueden conseguir alimentos libres de agroquímicos, comprando los productos criollos y del traspatio de los campesinos.

En otros países donde se empezó a difundir este tema varios años antes que en México, y donde las circunstancias económicas son más favorables, es muy común encontrar tiendas, supermercados y ferias con productos orgánicos y sin aditivos A nivel mundial se está difundiendo el consumo de productos naturales, íntegros, sin colorantes ni sabores artificiales; esto nos llevará muy pronto a que también entre nosotros podamos acceder a dichos productos.

Por el momento, lo importante es difundir el tema para que cada vez haya más personas interesadas en promover el consumo de alimentos saludables y tomar en nuestras manos la producción de alimentos; de esta manera dejaremos de ser consumidores pasivos, asumiendo la responsabilidad de nuestra salud. Le podemos proporcionar a nuestro cuerpo los nutrimentos que necesitamos a través de una dieta equilibrada.

El vegetarianismo

En 1842 la sociedad vegetariana inglesa *(British Vegetarian Society)*, empleó por primera vez el término "vegetariano" para poder definir el tipo de dieta que estaban consumiendo, ya que no se sentían de acuerdo con describirla como "dieta vegetal" o "dieta sin carne". La palabra vegetariano se deriva de la palabra latina *vegetus*, que significa "completo, fresco, lleno de vida", y aplicada a los seres humanos se refiere a una persona vigorosa física y mentalmente.

Al crear este término, la sociedad vegetariana inglesa no sólo promueve la dieta sin carne ni pescado, sino además le da un tono filosófico y moral al tipo de vida que quiere llevar. Desde entonces, la influencia del vegetarianismo se ha difundido por todo el mundo.

Diversas razones para ser vegetariano

ÉTICA. Sus principios son religiosos y se opone a la innecesaria destrucción de la vida.

SALUD. Tradicionalmente éste ha sido uno de los motivos principales del vegetarianismo, ya que advierte que el consumo de carne acarrea enfermedades. En la actualidad sabemos que además la carne contiene plaguicidas, hormonas, antibióticos, toxinas, bacterias patógenas y virus.

Ecológica. Basa su alimentación en las cadenas alimenticias y prefiere consumir los alimentos de las primeras, así que se da preferencia para que los granos sean consumidos por los seres humanos y no por los animales. La dieta vegetariana consume menos recursos agrícolas; por lo tanto, protege el ambiente.

Económica. El costo que implica darle de comer granos al ganado para que a su vez éste alimente a las personas es altísimo. Para que un animal, específicamente la res, forme un kilo de carne necesita consumir 16 kg de granos. Con este kilo de carne comen 8 personas. Con 16 kilos de granos comen 100 personas, una y media ración.

La información anterior se encuentra en el libro de Vic Sussman, *La alternativa vegetariana*. En mi libro *La salud por la alimentación* promuevo la dieta vegetariana por considerarla la más equilibrada, siempre acompañada de un adecuado ejercicio físico.

En *La nutrición alternativa* se sugieren las siguientes proporciones de nutrimentos:

- Proteína 10 a 12%
- Grasa 20 a 25%
- Carbohidratos 70% (65% carbohidratos complejos y 5% simples)

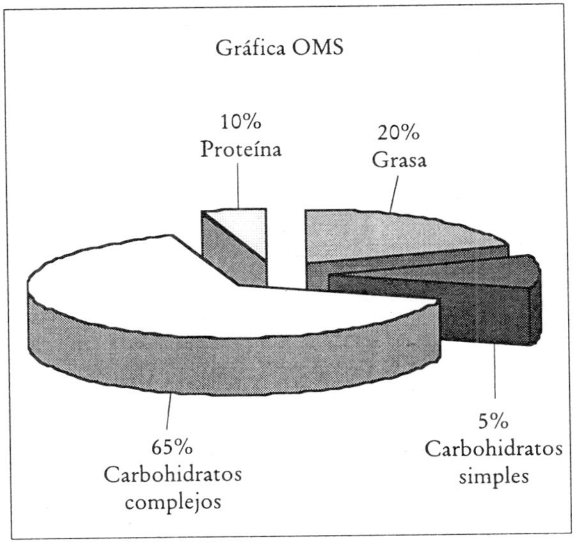

A continuación mencionamos algunas sugerencias para llevar a cabo esta dieta. Desde luego, lo más importante es utilizar el sentido común y escuchar el mensaje de nuestro cuerpo; esto es, comer con hambre, saborear los alimentos y escuchar qué cantidades nos pide el cuerpo.

- **Proteínas:** leguminosa más cereal, 1 o 2 raciones diarias.
- **Productos de origen animal como huevo, leche y sus derivados:** una ración diaria si se realiza bastante actividad física, ya sea laboral o de ejercicio.
- **Carbohidratos complejos:** cereales, 1 ración diaria (tomar en cuenta los que se comen en la proteína); tubérculos, 2 o 3 raciones semanales.
- **Vitaminas y minerales:** frutas, 5 raciones diarias; verduras, 5 raciones diarias.
- **Carbohidratos simples:** de la miel, frutas y piloncillo. Se recomienda no usar azúcar o hacerlo en cantidades moderadas.
- **Grasas:** se obtienen de las oleaginosas, el coco, el aguacate o el huevo: 1 ración diaria si se realiza bastante actividad física o si se trata de adolescentes. Para los adultos sedentarios, 1 ración cada tercer día.

Se debe evitar el consumo de alimentos con aditivos químicos, y en la medida de lo posible, el de alimentos con agroquímicos.

Se recomienda suplementar la dieta para recuperar los nutrimentos carentes en la alimentación diaria, o bien si se vive en una ciudad con más de un millón de habitantes.

- **Ejercicio físico:** practicar alguna rutina de ejercicio físico todos los días, tomando en cuenta la edad, constitución física y la actividad laboral que se desempeña.

El yoga y la meditación se recomiendan como ejercicio muy completo ya que trabajan a nivel físico, emocional, mental y espiritual.

En 1987 se realizaron pruebas clínicas en Estados Unidos que comprobaron cómo la práctica de yoga corrigió problemas de acumulación de grasa, despejando la luz en venas y arterias.

- Es muy importante vigilar la calidad del agua que bebemos así como la del aire y del sol.

Los científicos de Maharisi European Research University han demostrado que los meditadores avezados presentan mayor coherencia de la actividad de ondas cerebrales entre los hemisferios derecho e izquierdo durante la práctica de Meditación Trascendental.

Tomado de *La curación energética* de Richard Gerber.

Para lograr una buena nutrición conviene incluir en la dieta diaria los seis grupos de alimentos básicos:

1. *Frutas*

Consúmalas principalmente crudas, en ensaladas o jugos, en raciones abundantes.

2. *Verduras*

Consúmalas crudas en ensaladas o jugos; cocidas, en guisados y sopas, en raciones abundantes.

3. *Cereales*

Granos que provienen de plantas con espiga: maíz, arroz, trigo, avena, cebada, mijo y amaranto. Consúmalos en granos integrales en sus múltiples presentaciones: tortillas, pan, hojuelas, atoles, horchatas, cocidos y guisados.

4. *Leguminosa*

Granos que provienen de plantas que producen vainas: frijol, garbanzo, haba y lenteja, entre otras. Consúmalos en forma de guisados, sopas, potajes y tortitas; en el caso de la soya, como leche, tofu o guisados.

Los cereales y las leguminosas son los alimentos que proporcionan la mejor fuente de carbohidratos complejos, por lo tanto sus raciones deben ser las más abundantes y constantes de la dieta diaria.

5. *Oleaginosas*

Conocidas también como semillas: nueces, cacahuate, ajonjolí, almendras y avella-

nas, entre otras. Agréguelas a los platillos dulces y salados. Consúmalas de forma moderada y constante.

6. Alimentos de origen animal

Huevo, lácteos, leche, yogurt, queso y crema. Consúmalos de forma moderada.

Para una salud óptima es muy importante, además de una dieta balanceada, realizar ejercicios de manera regular y tomar suficiente agua.

El cuerpo humano está formado por moléculas de diversos tamaños denominadas principios inmediatos. Dentro de éstos tenemos cuatro que están siempre presentes en la materia viva: carbono, hidrógeno, oxígeno y nitrógeno.

Hay otros que aunque se encuentran en menor cantidad tienen funciones importantes, son los macrominerales, calcio, magnesio, fósforo, azufre, cloro, sodio y potasio.

Los oligoelementos se encuentran en cantidades mucho más pequeñas y también son importantes para la vida: hierro, cobalto, yodo, cobre, manganeso, flúor, zinc, molibdeno y selenio.

Los principios inmediatos se clasifican en orgánicos e inorgánicos.

Dentro de los principios orgánicos tenemos los hidratos de carbono, las proteínas y las grasas.

Dentro de los principios inorgánicos tenemos los macrominerales y los oligoelementos.

El cuerpo humano está compuesto en 96% de materia orgánica y el 4% restante de materia inorgánica.

Principio orgánico

Cuerpo humano 96% compuestos químicos	Oxígeno Carbono Hidrógeno Nitrógeno	Proteína Grasas Glúcidos

Principio inorgánico

Cuerpo humano 4% compuestos químicos	Minerales Microminerales (oligoelementos)	Macrominerales

Los elementos químicos del cuadro anterior forman los grupos básicos de nutrimentos que estudiaremos a continuación, a saber: hidratos de carbono (carbohidratos), grasas, proteínas, minerales y vitaminas.

Hidratos de carbono

Carbohidratos, hidratos de carbono o glúcidos, son unidades básicas formadas por carbono, oxígeno e hidrógeno.

Su principal función es ser fuente de energía y contribuyen al metabolismo de las grasas y forman parte de células y tejidos.

Los carbohidratos se clasifican en tres grupos:

MONOSACÁRIDOS. Formados por una molécula de azúcar, como son: fructosa (azúcar de la fruta), glucosa y galactosa.

DISACÁRIDOS. Formados por la unión de dos monosacáridos: la sacarosa, que es la combinación de glucosa y fructosa que constituyen el azúcar de caña y la remolacha; la maltosa, que es la unión de dos moléculas de glucosa y que encontramos en los cereales, y la lactosa o azúcar de la leche, que se forma de la unión de glucosa y galactosa.

POLISACÁRIDOS. Unión de varios monosacáridos: entre ellos tenemos fécula, almidón y celulosa.

Los carbohidratos se dividen en complejos y simples. Podríamos decir que los primeros son los que proporcionan energía de larga duración, ya que la digestión de los mismos es más prolongada, permitiéndole al cuerpo asimilar lentamente sus nutrimentos.

La digestión de los carbohidratos empieza en la boca, allí se desdoblan los almidones. Posteriormente, conforme se desarrolla la digestión, el almidón se transforma en azúcar y ésta a su vez en calorías. En todo el procesamiento el carbohidrato se auxilia de los otro nutrimentos que contiene el alimento (proteínas, grasas, vitaminas y minerales), cumpliendo así un ciclo completo.

Las principales fuentes de carbohidratos complejos son: cereales integrales, leguminosas y tubérculos.

Los carbohidratos simples son alimentos cuya digestión se realiza en un período corto de tiempo.

Las principales fuentes de carbohidratos simples son azúcar refinada, fruta y miel.

El azúcar refinada se conoce también como caloría vacía, ya que no contiene nutrimentos, sólo calorías. Para que el cuerpo la pueda digerir toma prestado de las reservas, ocasionando con esto una deuda o carencia al organismo.

La fruta y la miel no se consideran calorías vacías, ya que contienen vitaminas y minerales.

Grasas o lípidos

Sus unidades básicas están formadas por carbono, oxígeno e hidrógeno.

Las grasas son las transportadoras de las vitaminas solubles en grasa (A, D, E, K); a la vez son fuente de los ácidos grasos esenciales, necesarios para el buen funcionamiento celular y para el desarrollo de todo el organismo.

El metabolismo de las grasas genera calor corporal y como contiene el doble de las calorías que las proteínas y los hidratos de carbono, una dieta rica en grasas mantiene normalmente la temperatura del cuerpo.

Clasificación de las grasas	Saturadas	Carnes Manteca Mantequilla
	Insaturada	Oleaginosas Cereales Vegetales

Las grasas saturadas se encuentran principalmente en las grasas del tejido animal.

Las grasas insaturadas se encuentran principalmente en los vegetales, en cereales y oleaginosas. Un consumo elevado de grasas está ligado tanto a las enfermedades cardiovasculares como a los cánceres de mama y colon. El exceso de grasas se obtiene de consumir carnes rojas, huevo, leche entera, crema, mantequilla y del abuso de aceites vegetales calentados.

Las recomendaciones de las autoridades en nutrición como la OMS y la Secretaría de Salud en México recomiendan bajar el porcentaje de consumo de grasas hasta 25%. El Doctor en Nutrición Nathan Pritkin, de Estados Unidos, recomienda que el consumo de grasa sea de 10% del total de calorías.*

Cabe recordar que a partir de los 30 años es importante bajar el consumo de grasas y practicar ejercicio físico.

Las margarinas y manteca vegetal son, como su nombre lo dice, grasas de origen vegetal "procesadas"; han sido sometidas a un proceso de hidrogenación en el que a los aceites insaturados se les agrega hidrógeno; dicho mecanismo los convierte en grasa saturada, o sea que siempre estarán sólidas a temperatura ambiente.

La manipulación molecular de esta tecnología podría causar problemas aún no detectados. La hidrogenación, como las altas temperaturas, puede cambiar la forma de las grasas insaturadas al hacer girar los grupos carbono-hidrógeno en su enlace y modificar así la forma real de la molécula de grasa.

Aunque este dato parezca muy técnico, es importante saber cómo las investigaciones han demostrado que la forma de las moléculas tiene gran relación con su funcionamiento y con sus efectos; un cambio en la forma podría entonces alterar su función, y tal vez de manera adversa.

Por lo tanto, la grasa más recomendable es la del aceite de oliva extra virgen, el aceite de ajonjolí sin refinar y el aceite de maíz prensado en frío, siempre y cuando no se caliente solo a altas temperaturas.

El resto de los aceites han sido tratados para ser obtenidos mediante aditivos químicos o a base de declorados y desodorizados; todo este proceso, que los transforma en gra-

* Tomado del libro *El poder curativo de los alimentos*, de Annemarie Colbin.

sa saturada, lleva a los aceites a ponerse rancios muy pronto.

El proceso de ranciedad de los aceites supone la oxidación de los ácidos grasos poliinsaturados, que a su vez conlleva la formación de radicales libres (sustancias que poseen una elección extra que tiene propiedades muy reactivas y están implicadas en la aparición de cáncer, artritis, enfermedades cardiovasculares y en el proceso de envejecimiento). En México no es fácil conseguir aceite extra virgen, por lo que es necesario prescindir del aceite a la hora de cocinar. Cualquier receta se puede elaborar sin aceite, es sólo cuestión de acostumbrarse a los sabores.

Para proporcionarle al cuerpo la grasa que necesita, basta con agregar semillas a los alimentos y sobre todo, tener una dieta equilibrada.*

Proteínas

Las proteínas son biomoléculas formadas por aminoácidos. Son las más abundantes en los tejidos vivientes, constituyen 50% del peso seco en las células.

Están formadas por carbono, hidrógeno, oxígeno y nitrógeno; es la única molécula que en su estructura contiene nitrógeno.

El nitrógeno se encuentra en el suelo y en la atmósfera pero ni el ser humano ni el animal lo pueden asimilar; en cambio las plantas y ciertos microorganismos sí logran transformar el nitrógeno atmosférico en materia orgánica, es decir, en proteína.

Las proteínas las obtenemos al comer plantas que logran asimilar el nitrógeno junto con el azufre y el fósforo; esta combinación la encontraremos principalmente en leguminosas, también en los cereales y en los animales que a su vez las obtienen de las plantas.

Las proteínas están formadas por cadenas de aminoácidos. Se conocen 22 de éstos, de los cuales 8 son llamados esenciales en adultos y 9 en bebés. Los aminoácidos esenciales sólo los obtenemos de los alimentos, los otros 14 son fabricados por el organismo.

*Tomado del libro *El poder curativo de los alimentos*, de Annemarie Colbin).

El cuerpo necesita todos los aminoácidos juntos y cada uno en su proporción exacta, de ahí la importancia de incluir en la dieta diaria una ración de proteína.

Aminoácidos esenciales	Fenilalanina Lisina Isoleucina Treonina Valina Leucina Triptofano Metionina	+ Histidina para bebés

Las proteínas son las encargadas de crear la estructura del cuerpo (músculo, tejidos, órganos y células), forman las enzimas y crean anticuerpos que ayudan a prevenir enfermedades.

A diferencia de otros nutrimentos, los aminoácidos no se pueden tener en reserva; se agotan en un par de horas, por lo que deben consumirse todos los días.

Cuando se consumen proteínas en exceso, el cuerpo las transforma en carbohidratos y grasas, y las almacena para ser quemadas.

Las principales fuentes de proteínas son: leguminosas, cereales, alga espirulina, oleaginosas, leche y sus derivados, huevo y carnes.

Durante mucho tiempo la medicina oficial decía que la buena proteína sólo se obtenía de la carne. Hoy sabemos que para el cuerpo, lo importante son los aminoácidos. La correcta combinación de los alimentos nos proporciona aminoácidos de alta calidad.

Combinación de alimentos para formar una proteína completa:

Cereal	+	Leguminosa
Cereal	+	Oleaginosa
Cereal	+	Lácteo
Oleaginosa	+	Leguminosa
Leguminosa	+	Lácteo

Combinación de alimentos para formar una proteína completa:

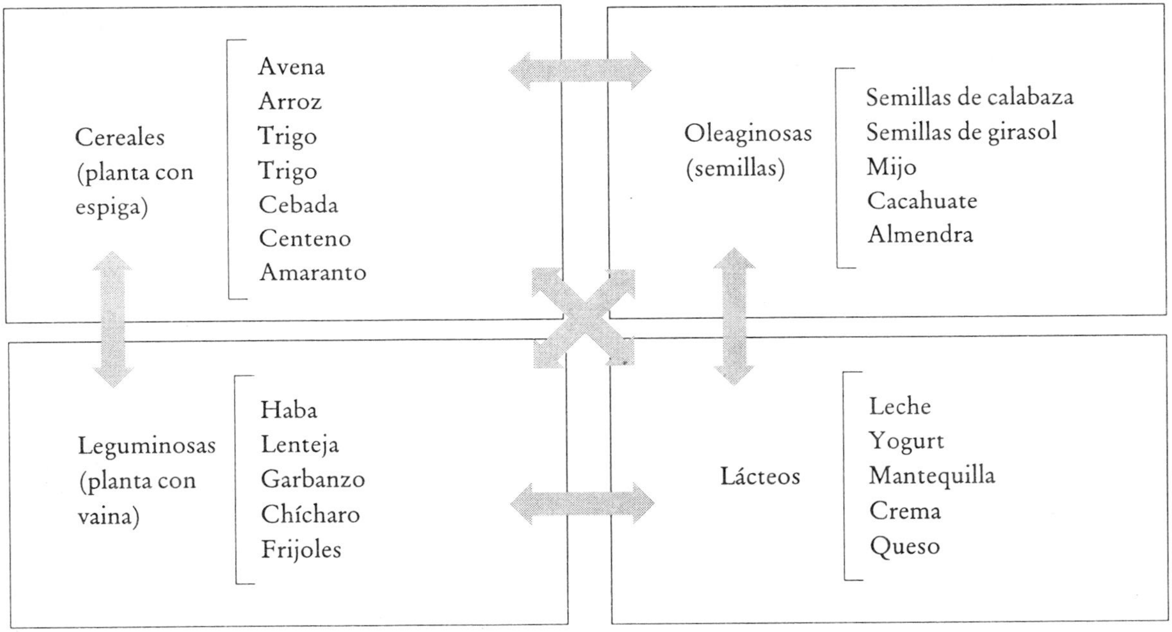

Tanto la cantidad como la calidad de las proteínas son importantes para el cuerpo. Por ello, los estudiosos de la nutrición les han dado calificaciones.

Por medio del "valor biológico" entendemos cuál es la cantidad de proteínas, y se representa con porcentajes.

Con el UNP (Unidad Neta de Proteína) podemos entender la calidad de las proteínas, esto es, la asimilación y aprovechamiento que el cuerpo hace de ellas.

Veamos cómo al combinar los alimentos logramos elevar la calidad de los aminoácidos que consumimos:

Cereal (arroz)

Leguminosa (frijol)

arroz + frijol

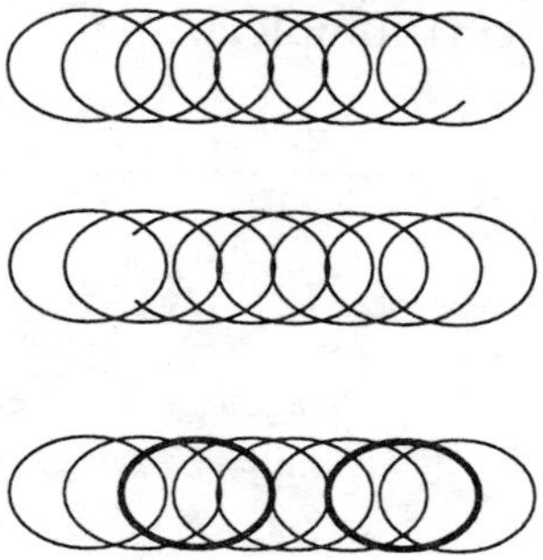

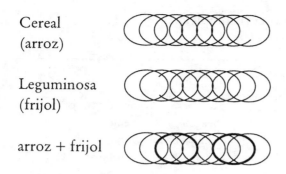

En el ejemplo anterior podemos observar cómo los cereales y leguminosas carecen de uno o dos aminoácidos; cuando ambos se juntan, se complementan, además de que los otros aminoácidos duplican su calidad.

El mito de la proteína en la carne

En los años cincuenta se enfatizó a nivel mundial la importancia de consumir leche, carne y huevos para conseguir una dieta completa.

Se decía también que solamente los aminoácidos de la carne proporcionan una proteína completa.

Hoy sabemos que el exceso de proteína de origen animal es perjudicial para la salud, así como también el exceso de grasa que se adquiere al consumir carne.

El uso indiscriminado de agroquímicos para la producción de alimento para animales, y el abuso en alimentos y suplementos artificiales para animales han dado como consecuencia que la carne que se obtiene sea de mala calidad. Los padecimientos físicos que se adquieren cuando se consume mucha carne cada vez son más notorios.

Los distintos padecimientos crónico-degenerativos que se han descubierto en los últimos 25 años mediante estudios epidemiológicos en Estados Unidos, muestran una estrecha relación con el excesivo consumo de carnes principalmente, y con malos hábitos en la alimentación.

Estos padecimientos son: obesidad, diabetes *mellitus*, enfermedades cardiovasculares, artritis, hipertensión, caries dental y cáncer de colon, entre otros.

En cuanto a los aminoácidos, en el capítulo anterior se explica cómo los aminoácidos de origen vegetal se pueden complementar entre sí, o con alimentos de origen animal, para obtener un aminoácido completo.

Si en nuestra alimentación estamos incluyendo cereales, leguminosas, huevo o lácteos, verduras, frutas y semillas, automáticamente le estamos proporcionando al cuerpo los nutrimentos indispensables para un buen funcionamiento.

De acuerdo con los estudios realizados acerca de la proteína y su clasificación por la "cantidad" y la "calidad" que proporciona, podemos mencionar algunos ejemplos.

En cuanto a "cantidad" de proteína, la carne contiene entre 20% y 30%, mientras que la harina de soya contiene 40%.

En cuanto a "calidad"de la proteína, la carne proporciona 67%, mientras que el huevo ofrece 94%, la leche 82% y la proteína vegetal proporciona de 70% a 40% de proteína de calidad.

Tomando como punto de partida lo anterior podemos, en efecto, señalar a la carne como uno más de los alimentos que proporcionan proteína. Sin embargo, lo más recomendable es la carne de aves y pescado, ya que se ha comprobado que es la que menos problemas de salud ocasiona.

Minerales

Los minerales son la materia inorgánica del cuerpo. Aunque representan sólo el 4% de la composición en el organismo, los minerales son indispensables para realizar multitud de funciones vitales, actúan en algunas enzimas y forman parte de algunas hormonas.

Son clasificados en macrominerales y oligoelementos. Ambos grupos son indispensables para el funcionamiento de nuestro organismo.

A los primeros, el cuerpo los requiere en bastante cantidad. En cambio los segundos se requieren en cantidades más pequeñas. Los oligoelementos actúan como catalizadores y reguladores de procesos vitales.

La presencia de algunos de ellos es indispensable para el funcionamiento normal de las cadenas enzimáticas.

Macrominerales

CALCIO

Funciones:

- Para la formación de huesos y dientes.
- Regulador celular de impulsos nerviosos y del ritmo cardiaco.
- Importante en la contracción muscular.

Fuentes:

- Leche, queso, yogurt y jocoque.
- Verduras verdes como acelgas, verdolagas, berros, perejil y nopales, leguminosas y ajonjolí.

SODIO

Funciones:

- Junto con el potasio mantiene los líquidos en el cuerpo.

Fuentes:

- Sal de mesa o cloruro de sodio.

POTASIO

Funciones:

- Vital para la conducción del impulso nervioso y la contracción muscular.

Fuentes:

- Frutas, verduras, leguminosas, leche y cacahuate.

FÓSFORO

Funciones:

- Se encuentra junto con el calcio en los huesos, funciona en la estructura del ADN y ARN, actúa en el metabolismo de carbohidratos, grasas y proteínas.

Fuentes:

- Leche, queso, pescado, fruta y verdura.

CLORO

Funciones:

- Ayuda en la formación del ácido clorhídrico presente en el jugo gástrico.

Fuentes:

- Aguacate, espárrago, alga marina, sal marina, jitomate, col, nabo, pepinos, piña y avena.

MAGNESIO

Funciones:

- Actúa en la transmisión del impulso nervioso; regula la relajación muscular después de la contracción; importante en la elaboración y el mantenimiento de la energía a nivel celular.

Fuentes:

- Leguminosas, cereales, oleaginosas, verduras verdes, plátanos y leche.

Oligoelementos

ZINC

Funciones:

- Actúa en la formación de ADN y ARN.
- Metaboliza proteínas y actúa en la formación de glóbulos rojos. Indispensable para el desarrollo de los órganos sexuales y funcionamiento normal de la próstata.
- Activa la fabricación de anticuerpos en el sistema inmunológico. Forma parte de la hormona insulina. Ayuda a desintoxicar el organismo de algunos metales pesados.

Fuentes:

- Cereales integrales, levadura de cerveza y verduras.

COBRE

Funciones:

- Contribuye en la elaboración y funcionamiento de la hemoglobina, el colágeno y la elastina.

Fuentes:

- Cereales integrales, leguminosas, nuez y huevo.

MANGANESO

Funciones:

- Forma parte de algunas enzimas, participa en la elaboración de carbohidratos complejos y contribuye en el aprovechamiento de glucosa y grasa.

Fuentes:

- Salvado de arroz, germen de trigo, cereales integrales, verduras verdes, nueces, leguminosas, jengibre y clavo.

HIERRO

Funciones:

- Producción de hemoglobina, colágeno y elastina. Actúa en el funcionamiento del sistema inmunológico.

Fuentes:

- Cereales integrales, espinaca, espárragos, pasitas, ciruela pasa, algas y carnes.
- La vitamina C eleva la absorción de hierro.

YODO

Funciones:

- Forma parte de las hormonas de la glándula tiroides y previene la deficiencia de esta hormona.

Fuentes:

- Algas marinas kelp, nori y chlorela pescado y sal yodatada.

SELENIO

Funciones:

- Antioxidante. Activa el sistema inmunológico. Protege el sistema cardiovascular.
- Inactiva metales pesados como cadmio y mercurio.

Fuentes:

- Brócoli, hongos, cebolla, ajo, soya, cereales integrales, nuez de Brasil, pepino y algas.

CROMO

Funciones:

- Metabolismo de glucosa y de energía. Participa en la elaboración de ácidos grasos y colesterol en hígado.

Fuentes:

- Levadura de cerveza y cereales integrales.

FLÚOR

Funciones:

- Se encuentra en huesos y dientes; antagonista del aluminio.

Fuentes:

- El agua con flúor natural, pescado de agua fría y té negro.

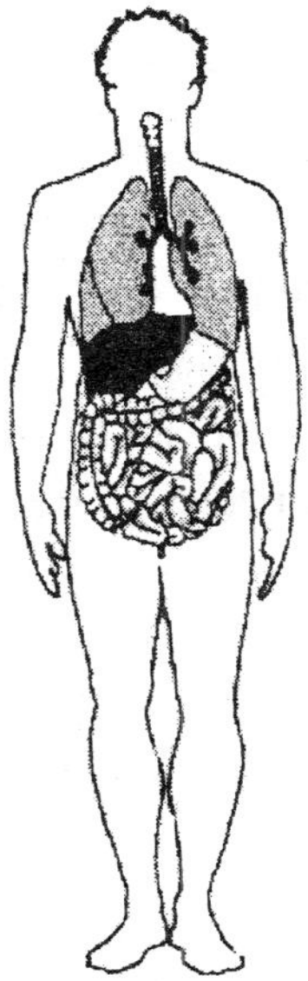

Vitaminas

Las vitaminas se encuentran en cantidades pequeñas en los alimentos y aun así, su función es muy importante ya que intervienen en todas las actividades del cuerpo.

Son sustancias indispensables para el funcionamiento adecuado de los seres vivos. Muchas actúan como coenzimas en determinadas reacciones, por lo que llenan un aspecto metabólico en tanto que desempeñan actividades específicas en los mecanismos moleculares de funcionamiento celular. Muchas coenzimas contienen una vitamina como parte de su estructura.

Cuando carecemos de alguna vitamina se producen enfermedades específica que desaparece al incluirla otra vez en el organismo.

Son importantes tanto en el crecimiento y desarrollo de los tejidos como en el funcionamiento del sistema nervioso y muscular.

La cantidad adecuada de vitaminas que requiere el cuerpo se adquiere mediante la dieta, de ahí la importancia de comer alimentos frescos e integrales; los alimentos industrializados y refinados carecen de vitaminas.

Las vitaminas se clasifican en:

- **Liposolubles** (solubles en grasa): A, D, E y KG.
- **Hidrosolubles** (solubles en agua): B1, B2, B3, B6, B12, vitamina C, bioflavonoides y colina.

Liposolubles

VITAMINA A (RETINOL)

Funciones:

- Mantiene la salud de la piel y epitelios. Contribuye a la visión nocturna. Sube las defensas y actúa como antioxidante. Protege de la contaminación y da buenos resultados en casos de cáncer.
- Pro-vitamina A o betacaroteno, se transforma en retinol cuando el cuerpo lo requiere. El betacaroteno lo ingerimos por medio de los vegetales.
- La vitamina A ya transformada se obtiene de los alimentos de origen animal.

Fuente:

- Zanahorias, alimentos rojos, anaranjados y verdes, chiles secos, camote, brócoli, col morada y quelites.

  Nota: Es antioxidante; son cadenas compuestas de carbono e hidrógeno que no permiten la entrada de oxígeno a sus moléculas. Cuando los átomos de oxígeno logran pasar a las moléculas de las vitaminas, las oxidan o las queman y cambian su estructura lo suficiente para que no sean funcionales biológicamente.

VITAMINA D

Funciones:

- Incrementa la absorción de calcio y fósforo. Contribuye al crecimiento y desarrollo.

Fuentes:

- La yema de huevo, cereales integrales y en el pescado.
- El sol contribuye a fijar esta vitamina.

VITAMINA E

Funciones:

- Es antioxidante; protege de contaminantes atmosféricos. Contribuye en la fabricación de energía y participa en el metabolismo de las grasas.

Fuentes:

- Cereales integrales (se deposita en el germen), huevos y verduras verdes.

VITAMINA K

Funciones:

- Participa en el proceso de coagulación de la sangre. Interviene en la fijación de calcio en los huesos.

Fuentes:

- Verduras de hojas verdes, tubérculos, oleaginosas, huevos y queso. El yogurt de búlgaros.

Hidrosolubles

VITAMINA B1 (TIAMINA)

Funciones:

- Metabolismo de carbohidratos. Participa en la transformación de glucosa a energía. Participa en la quema de grasas.

Fuentes:

- Cereales integrales, leguminosas y levadura de cerveza.

VITAMINA B2 (RIBOFLAVINA)

Funciones:

- Importante en la generación de energía celular. Antioxidante. Protege piel y mucosas.

Fuentes:

- Verduras de hojas, leche, queso, yogurt y levadura de cerveza.

VITAMINA B3 (NIACINA)

Funciones:

- Previene la pelagra. Disminuye colesterol y triglicéridos en sangre.

Fuentes:

- Cacahuates, germen de trigo, levadura, pollo y pescado.

VITAMINA B6 (PIRIDOXINA)

Funciones:

- Participa en el metabolismo de proteínas, grasas y carbohidratos. Participa en la fabricación de anticuerpos. Facilita la asimilación de zinc.

Fuentes:

- Cereales integrales, levadura de cerveza y yema de huevo.

VITAMINA B12

Funciones:

- Importante en el aprovechamiento de cianocobalamina, grasas, carbohidratos y proteínas. Cura y previene de la anemia perniciosa. Interviene en la fabricación de ADN.

Fuentes:

- Leche, queso, yogurt, huevos, algas, levadura con B12, carne y soya (temphe y miso).

VITAMINA C

Funciones:

- Importante en la síntesis de colágeno. Antioxidante. Facilita la absorción de hierro. Es necesaria para la respuesta del estrés. Importante para problemas de infección. Fortalece el aparato respiratorio.

Fuentes:

- Frutas, sobre todo cítricos, y verduras crudas.

Bioflavonoides

Funciones:

- Antioxidantes. Estabilizan colágeno. Antinflamatorio, antimicrobiano y anticancerígeno.

Fuentes:

- Fruta, cáscara interna de cítricos, verduras, flores, cereales y leguminosas.

Colina

Funciones:

- Importante en la conducción del impulso nervioso. Parte de los componentes de la pared de neuronas y sistema nervioso. Importante para la memoria y para el estado de ánimo.

Fuentes:

- Lecitina, yema de huevo, leguminosas, cereales integrales, levadura de cerveza y verduras.

Para una mejor dieta hay que consumir alimentos ricos en carbohidratos complejos y fibra, como: cereales integrales, leguminosas y tubérculos; oleaginosas y verduras frescas

Relación entre la nutrición y enfermedades crónico-degenerativas

En los últimos años ha surgido una serie de enfermedades que se han denominado "enfermedades modernas", ya que se les ha encontrado relación directa con los hábitos de vida de nuestra época. Las investigaciones clínicas y epidemiológicas han identificado varios factores en la dieta occidental como causa principal del desarrollo y desencadenamiento de las enfermedades crónico-degenerativas como la obesidad, diabetes mellitus, enfermedades cardiovasculares, artritis, hipertensión, caries dental y cáncer de colon.

Los principales elementos que se relacionan con dichos padecimientos son: excesivo consumo de calorías, grasas saturadas y colesterol, así como bajo consumo de carbohidratos complejos y fibra.

La falta de fibra en la dieta tiene relación directa con problemas de estreñimiento, colitis, diverticulitis y cáncer de colon.

La dieta se mejora con alimentos ricos en carbohidratos complejos y fibra a través de cereales integrales, leguminosas y tubérculos; proteínas de calidad a través de combinar cereales y leguminosas, así como comsumir en pocas cantidades alimentos de origen animal como huevos, lácteos y aves; vitaminas, minerales y fibra a través de frutas y verduras en abundancia, y la grasa se obtiene a través de oleaginosas, cacahuates, nueces, almendras, semillas de calabaza, cereales, aguacate y coco.

Los aditivos y agroquímicos que ingerimos a través de los alimentos también se relacionan con las enfermedades llamadas modernas, por lo que debemos eliminarlos de la dieta.

Suplementos alimenticios

Suplementar la dieta nos ayuda a garantizarle al cuerpo los nutrientes que necesita, sobre todo teniendo en cuenta los cambios en el suelo, en la atmósfera y en general en todo el ambiente, así como los procesos de industrialización a que son sometidos actualmente los alimentos.

Los suplementos también nos ayudan a eliminar metales pesados que entran al cuerpo junto con los alimentos, el agua, el aire y el sol.

Los niños, que están en desarrollo, la mujer embarazada y las personas en general sometemos al cuerpo a los efectos de nuestras actividades, muchas de ellas estresantes, por lo que el cuerpo demanda una cantidad extra de nutrientes que no es posible proporcionar sólo mediante la dieta.

Los suplementos naturales son los más recomendados, pero sobre todo habrá que tener en cuenta que deben ir acompañados de una alimentación balanceada.

Levadura de cerveza

Es un buen alimento y una buena fuente de energía. Su proteína se considera excelente ya que contiene los nueve aminoácidos esenciales que el cuerpo necesita, incluyendo la histidina (indispensable en la dieta de bebés). Tiene un gran contenido de vitaminas del complejo B, incluso se puede encontrar en el mercado levadura enriquecida con B12.

Tiene acción curativa y de prevención sobre el organismo. Contribuye al buen funcionamiento de la digestión, protege la piel, evita retrasos en el crecimiento de los niños y fortalece el sistema nervioso.

Se recomienda tomar una cucharada diaria o bien, su equivalente en tabletas en caso de adultos. A los niños, se aconseja darles una cucharadita al día o su equivalente en tabletas. Es muy importante la constancia, así que es recomendable tomarlo por un mes, descansar un tiempo similar y continuar con la levadura o alternar con algún otro suplemento.

Polen

Lo obtienen las abejas de los órganos masculinos de las plantas. Su concentración de nutrientes es la que podrá engendrar una planta o un árbol.

Es un alimento rico en aminoácidos, minerales, potasio, calcio, magnesio, hierro, azufre, cloro, manganeso, cobre, sílice; vitaminas, C, D, E y gran parte del complejo B.

Contribuye a la buena digestión, regula las funciones intestinales, muy recomendado en caso de anemia perniciosa, revitalizador excepcional, abre el apetito.

Se puede tomar solo o mezclado con jugo o té. Para adultos se recomienda una cucharada cada tercer día y para niños, una cucharadita cada tercer día.

Miel

Es uno de los alimentos para endulzar recomendado por no ser refinado. Contiene algunos aminoácidos muy asimilables, proporciona una buena fuente de energía, tiene vitamina C y algunas del complejo B que contribuyen en el metabolismo de la digestión. Es muy rica en enzimas, se utiliza incluso como desinfectante y cicatrizante por las propiedades antisépticas que contiene.

Se puede usar en lugar de azúcar para endulzar cualquier alimento o bebida.

No se recomienda dar miel a niños menores de un año, ya que se ha encontrado como agente alergénico.

Algas

Son plantas acuáticas ya sea de agua dulce como el alga espirulina o de agua salada, como la kelp o la clhorela. Contienen proteína completa, hidratos de carbono; su contenido de sales minerales es lo más destacable, el calcio se halla en una proporción de tres a diez veces mayor que en la leche; tiene también yodo y hierro, vitaminas A, B2 y B1, así como vitamina C.

Recomendable en caso de niños con problemas en la dentición, para mujeres premenopáusicas por ser una etapa en la que se requiere suministrar una cantidad extra de calcio, para el embarazo y para el crecimiento.

Se puede conseguir deshidratada, en polvo o en cápsulas. Se recomienda tomar una cucharada en polvo al día disuelta en jugo o té, o bien las algas deshidratadas en sopas o guisados.

Es una magnífica fuente de ácidos grasos, indispensables para el organismo.

Lecitina

Derivados de ácidos grasos que se encuentran en numerosos tejidos de plantas y animales, principalmente en la yema de huevo, leche, soya, germen de trigo y aceite de oliva.

Contribuye a la digestión de las grasas, antioxidante, proporciona fósforo orgánico muy asimilable, rejuvenece las células y ayuda a formar glóbulos rojos.

Se recomienda en casos de anemia, de piel reseca y ayuda en el crecimiento.

Los adultos pueden tomar una cucharada diaria o cada tercer día, dependiendo de la necesidad; los niños, una cucharadita cada tercer día. Puede tomarse sólida, a cucharadas o bien en cápsula.

Melaza (miel de piloncillo)

Es uno de los alimentos para endulzar altamente recomendado, ya que tiene un alto contenido de minerales, como hierro, cobre, calcio, cromo, fósforo, potasio, magnesio y zinc; contiene 3% de proteína, un poco de vitamina B1, B2, y B6, y ácido pantoténico; también contiene 20% de hidratos de carbono, en su mayoría glucosa y fructosa.

Azúcar blanca o refinada

El azúcar blanca o refinada no contiene nutrimentos, solamente proporciona calorías, por lo que es considerada como una caloría vacía. Al ingresar al organismo necesita de elementos nutritivos que el cuerpo tiene que conseguir de sus reservas para poder procesarla.

Uno de los elementos que requiere es calcio y éste a su vez necesita de fósforo; de la misma manera requiere de algunas vitaminas, por lo que algunas autoridades en nutrición llaman al azucar blanca, antinutriente.

Desde que se incorporó el azúcar blanca a la alimentación, el problema de caries se ha incrementado, sobre todo en los niños.

El consumo de azúcar blanca se relaciona con las siguientes enfermedades: infarto, hiperglucemia, úlceras, migraña, obesidad, venas varicosas, hemorroides, apendicitis, esquizofrenia, inestabilidad emocional, daño hepático y renal, hiperactividad, fatiga, padecimientos oculares y daños en articulaciones. Produce una severa adicción, como sucede con la heroína, cocaína y otras drogas.

Fibra

Al pulir los cereales, trigo y arroz principalmente, se desprende la cutícula que los cubre (llamada salvado) y también se desprende de la punta el germen.

El salvado es una fibra cuya característica es no ser soluble en agua, esto significa que no se desintegra. Cuando se encuentra en los intestinos, éstos tratan de sacarlo provocando los movimientos llamados peristálticos, que les permiten eliminar los residuos.

El abuso de alimentos elaborados con cereales pulidos o refinados provoca estreñimiento, obesidad y cáncer de colon. El estreñimiento es uno de los padecimientos más frecuentes en nuestros días.

El consumo de frutas y verduras en su estado natural proporciona también una buena fuente de fibra.

El salvado se puede agregar a los alimentos cuando hay problema de estreñimiento, pero si incorporamos alimentos integrales a la dieta, no es necesario consumir el salvado aislado.

Grupo de los ACES

Suplementar la dieta con vitaminas es muy recomendable, sobre todo para quienes viven en ciudades con más de un millón de habitantes.

El grupo de los ACES, vitamina A, C, E y Selenio, es muy recomendado por su poder como antioxidante, esto es, contribuye a que no haya oxidación de otros elementos indispensables para el cuerpo. Ayuda a eliminar metales pesados del cuerpo que provienen del esmog y de alimentos cultivados con agroquímicos (la palabra *smog* se refiere al conjunto de niebla y humo producido por las industrias y los residuos de los combustibles de los vehículos; proviene de la unión del vocablo *smok*, que quiere decir humo y *fog*, que quiere decir niebla).

Los metales pesados y los contaminantes que contiene el esmog son: mercurio, cadmio, plomo, bario, zinc, fósforo, fostafato de tricresilo y monóxido de carbono.

La combinación de los ACES se utiliza también en casos de cáncer con excelentes resultados; previene el envejecimiento, evita infecciones y enfermedades degenerativas.

Para bajar el estrés se acompañan del complejo B.

Se recomienda vitamina A, 25 000 UI diarias; vitamina E, 400 UI diarias; vitamina C, 1 gr al día y selenio, 50 microgramos. Para que realmente hagan su efecto se recomienda ser constante al consumirlos, tomarlos diariamente durante un mes, descansar una o dos semanas y continuar tomándolos. Se pueden conseguir en forma de multivitamínico. Se recomienda consultar con un terapeuta holístico o con un nutriólogo en casos de patologías específicas.

Oligoelementos

Se han encontrado excelentes resultados al aplicar aisladamente el zinc, selenio, manganeso, molibdeno, hierro y otros, y al combinarlos con vitaminas también se obtienen muy buenos resultados.

La combinación de zinc con vitaminas A y E ha dado muy buenos resultados en casos de colesterol alto, de hipertensión, en arritmias, en problemas pulmonares, en problemas de impotencia y de infertilidad.

Para la terapéutica nutricional es de igual importancia la suplementación con nutrimentos aislados como el consumo de una dieta bien balanceada rica en carbohidratos complejos, frutas y verduras, proteínas de calidad, baja en grasa, así como la práctica de ejercicios físicos que mantengan el cuerpo en buenas condiciones.

Para este tipo de tratamientos se recomienda eliminar de la dieta alimentos con aditivos y azúcar refinada en cualquier presentación, ya sea la que se usa en la mesa o la que se incluye en alimentos y bebidas. También se debe eliminar el café, alcohol y tabaco ya que tienen ingredientes que inhiben ciertas funciones y nutrientes importantes que requiere el cuerpo.

Mantener la salud es una acción que está en nuestras manos, pues como hemos visto depende de los hábitos de vida que llevemos. Mediante la alimentación y los suplementos podemos elevar la calidad de nuestra vida.

El origen de los alimentos contemporáneos

Agricultura productiva

A partir del año 1940 se inicia en el mundo un extraordinario proyecto para aumentar la producción agrícola; esto fue posible gracias a que se pudieron mejorar científicamente las semillas, al empleo generalizado de abonos artificiales y al empleo de soluciones químicas destinadas a eliminar parásitos y plagas de las plantas.

Los resultados obtenidos superaron las expectativas logrando duplicar la producción, y para el año 1980 se logra incluso triplicar la producción de maíz en Estados Unidos.

Para obtener estos logros tan extraordinarios fue necesario sembrar varias hectáreas de un solo producto, por lo que se desmontaron grandes extensiones de bosque y selva, y trabajar con maquinaria para uniformar la producción y obtener los resultados programados.

Ante tal sobreproducción se incrementó la industrialización de los alimentos; por ejemplo, se promueve de gran forma el consumo de cereales pre-cocidos para el desayuno y los alimentos procesados como parte de la dieta diaria.

Pero fue necesario seguir buscando la manera de utilizar los excedentes de cereales y leguminosas principalmente. La mejor propuesta presentada fue la de alimentar reses, específicamente al toro americano, ya que se descubrió que para obtener un kilo de carne el animal necesita consumir 16 kg de cereal. En definitiva la mejor opción que encontraron los investigadores de Estados Unidos para canalizar los excedentes de cereal.

A partir de entonces también se ha difundido en Estados Unidos el consumo de carnes, principalmente en forma de hamburguesas, como parte de la dieta diaria de la vida moderna norteamericana, y de ahí se ha lanzado la promoción a todo el planeta.

En cuanto al problema del hambre en el mundo, encontramos que si en lugar de darle a los animales esas grandes cantidades de cereal se les diera de comer a los seres humanos, resolveríamos en gran parte el problema de hambre en el mundo.

Con 16 kilos de cereal, necesarios para producir un kilo de carne, le damos de comer a 100 personas, mientras que con 1 kilo de carne sólo comen 8 personas.

El darle preferencia a los cereales y granos para que sean consumidos por las personas y no por los animales es parte de la propuesta de Frances Moore Lappé en su libro *Dieta para un pequeño planeta*, excelente opción para aplicarse a nivel mundial.

Los extraordinarios resultados del programa agrícola conocido como "Revolución verde", iniciado en 1940, se difundieron por

todo el mundo. Los países con recursos adoptaron este método inmediatamente; los países llamados en vías del desarrollo tardaron algunos años en adoptar esta tecnología, no por falta de interés sino por falta de recursos económicos. En ciertos casos se concedieron algunos créditos, así que de esta manera las "bondades" de los agroquímicos pudieron llegar a los países con menos recursos.

A mediados de los años cincuenta, los efectos del uso de agroquímicos se hicieron presentes: la tierra empezó a volverse menos productiva, las plagas se volvían más resistentes a los insecticidas, se reportaron intoxicaciones en personas y animales, el agua también empezó a contaminarse.

Aun así se difundió por todo el mundo la nueva tecnología.

La carne, uno de los alimentos más popularizados, se convirtió en un alimento peligroso al comprobarse que las substancias químicas como el DDT y el dieldrín son bioacumulables en la grasa animal.

Los metales pesados como el mercurio y el plomo que se utilizan como base de los agroquímicos, también se acumulan en el tejido graso de los animales, así como de algunos peces, en los que se llegaron a encontrar concentraciones de 0.5 miligramos de mercurio por kilogramo de peso. Baste saber que 70 miligramos de mercurio son suficientes para matar a un hombre, y en proporciones menores, el mercurio altera el sistema nervioso y ocasiona cambios en la conducta.

Por esto, se ha comprobado que consumiendo carne regularmente, en un año se pueden acumular de 10 a 20 miligramos de mercurio.

Los vegetales no presentan los mismos riesgos por no acumularse en su grasa los insecticidas, siempre y cuando hayan sido sembrados orgánicamente.

A pesar de todos estos inconvenientes se difundió por todo el mundo el uso de agroquímicos.

Para adoptar esta tecnología fue necesario cambiar las costumbres agrícolas, cambiar el policultivo por el monocultivo y hacerlo en grandes extensiones; esto no representó ningún problema para los grandes productores.

El problema, en cambio, sí lo encontramos en la mayoría de los campesinos de nuestro país, donde 60% de la población vive y trabaja en zonas rurales, y su principal ingreso es mediante el trabajo en el campo.

En su libro *Políticas públicas y mujeres campesinas en México*, Josefina Aranda Bezaury nos dice:

Así, coexisten una agricultura capitalista, agroexportadora y altamente tecnificada, que representa tan sólo 1.8% del total de los productores agrícolas del país y una agricultura campesina, de autoconsumo, que utiliza técnicas tradicionales y que abarca prácticamente el conjunto de los productores rurales (86.6%).

La estrategia del estado mexicano de captar divisas a través de las exportaciones agropecuarias –política que favoreció aún más el desarrollo de dos tipos de agricultura– para comprar básicos a menor costo también resultó un rotundo fracaso, que desembocó finalmente, y de manera aguda durante las últimas décadas, en la insuficiencia alimentaria del país y el aumento absoluto de las importaciones agrícolas, con una consecuente dependencia.

En el nivel social, nos enfrentamos a la reducción en el consumo de alimentos por parte de las familias campesinas, con el consecuente aumento de la desnutrición y el deterioro general de las condiciones de vida; es decir, los fenómenos socioeconómicos predominantes son un mayor empobrecimiento y sobreexplotación absoluta del sector.

El acelerado proceso de descapitalización del campo mexicano y el creciente deterioro de las condiciones de vida de los campesinos a lo largo de las dos últimas décadas son los saldos de una política económica que arranca desde hace más de treinta años, y que marca los años más recientes con una nueva etapa de profundización de la crisis en el sector agropecuario.

En términos económicos, en México, aún no podemos cuantificar los resultados de la década de los noventa de manera favorable. Es la realidad socio-política la que marca la pauta para determinar el grado de desarrollo que hemos logrado.

En México, la principal producción agrícola es el maíz, base de la alimentación, alrededor del cual se organiza toda la alimentación, principal fuente de calorías y de otros nutrimentos. El maíz y el frijol son platillos de consumo básico, se complementan muy bien por ser una excelente fuente de proteína.

Un alto porcentaje de la producción de maíz se destina para el autoconsumo y el resto se comercializa. También representa un elemento de peso en la economía del país. La política de precios oficiales se ha justificado como un subsidio de estímulo a los productores rurales e intervienen instancias oficiales a fin de ofrecer al campesino un canal adecuado para comercializar su producto; sin embargo, parece ser que la mayor cantidad de maíz es obtenida de agricultores grandes o medios y de intermediarios, lo que significa que el capital se queda en unos cuantos.

Los pequeños productores, que son la mayoría de los campesinos mexicanos, aseguran con la cosecha el autoconsumo, con el resto cubren el pago del crédito y pocas veces recurren al sistema oficial para comercializar sus productos.

El campesino produce maíz para obtener una garantía de sobrevivencia, tanto laboral como alimentaria, lo cual dificulta recurrir al cultivo de otros productos mejor pagados en el mercado.

La remuneración que proporciona el trabajo del maíz no se cubre en realidad, ya que el campesino no cuenta su esfuerzo como costo sino como ingreso neto. La política de precio de garantía del maíz le otorga unos precios tan bajos, que incluso se están buscando cultivos más remunerados.

La demanda de otros productos agrícolas, frutas y verduras, es cubierta por una minoría: terratenientes que se dedican a la industria agrícola.

El sistema agrícola en México se encuentra aún en la búsqueda de la estabilidad en los precios de garantía, que tienen una gran influencia según las normas internacionales.

Mientras tanto, la economía de los campesinos, tanto en México como en América Latina, sigue siendo de sobrevivencia.

Luna Nueva A.C., cuya sede es el municipio de Tepoztlán, Morelos, dentro de sus actividades se propone alcanzar el desarrollo comunitario sustentable, promoviendo acciones encaminadas a mejorar la calidad de vida de los individuos, tomando en cuenta el respeto y uso racional de los recursos naturales.

Una de las acciones que promueve Luna Nueva es la creación de hortalizas ecológicas domésticas y escolares, que han tenido mucha aceptación y éxito en las comunidades rurales.

Nos encontramos en un momento histórico que no tiene retorno. Los países llamados del "Tercer Mundo," ante el fenómeno del desarrollo, buscan alcanzar el progreso tanto en el área social, como económica y política, sustentado en una producción de bienes y servicios competitivos que nos transformen en naciones del primer mundo, sin importar a costa de quién o de quiénes se logre este objetivo.

De esta manera nos encontramos que el crecimiento de las ciudades, la apertura de tierras para el cultivo y la ganadería, así como la actividad industrial, a su paso han arrasado con ecosistemas enteros, formando así una sociedad de rápida transformación en la que el consumismo nos lleva a usar y tirar, creando con esto montañas de desperdicios que se amontonan en el campo sin saber qué hacer con ellos.

La contaminación del aire y del agua alcanzan ya proporciones alarmantes. Las áreas de cultivo se bañan con agroquímicos que están mermando el potencial de la tierra y que están contaminando los alimentos con sustancias químicas ajenas al organismo humano, mermando también sus potencialidades.

Es urgente hacer un alto en esta vorágine del desarrollo y detenernos a observar hacia dónde nos está llevando este río sin cauce: midamos las consecuencias de nuestras acciones.

¿Cuánto tiempo se tomará la naturaleza para renovarse?, ¿cuántos años tarda nuestro cuerpo en desechar los elementos químicos que le son ajenos?

Iniciemos tareas que nos lleven a tomar conciencia de que somos los únicos responsables en reparar todos estos daños y darle un cauce más digno a nuestras vidas.

Agroquímicos

La agricultura intensiva se apoya en los agroquímicos para lograr su objetivo. Éstos se clasifican en:

- **Fertilizantes**: abonos artificiales.
- **Fungicidas**: sustancia para proteger a las semillas de las plagas.

- **Insecticidas**: eliminan plagas.
- **Herbicidas**: eliminan hierbas.

Los agroquímicos están compuestos, en su mayoría, por metales pesados como cadmio, mercurio, plomo, arsénico y nitratos, así como de sustancias cloradas como el DDT.

Al entrar al organismo humano, estos elementos desequilibran la química interna: los metales pesados se acumulan dentro del cuerpo, ocasionando diversos padecimientos que van desde alergias, migrañas, gastroenteritis, intoxicación, mutación genética, infertilidad, cáncer y muerte súbita.

A partir de 1940 se empezaron a usar compuestos mercuriales para proteger a las semillas de los ataques de las plagas de insectos y hongos: trigo, cebada, avena, centeno, maíz, arroz, sorgo, lino, mijo, algodón, manzano, peral, durazno, nuez, pepino, sandía, calabaza y papa.

A partir de 1950 se empezaron a detectar los efectos nocivos de estos productos. En Suecia observaron una disminución de aves granívoras; en algunos campos de cultivo descubrieron numerosos esqueletos de aves.

Los biólogos Goren Lofroth y Carl Rosén investigaron el caso. Encontraron altos niveles de mercurio en el hígado de los pájaros y desde entonces, las investigaciones han seguido el rastro del efecto del mercurio en la cadena alimenticia, que pone en peligro de extinción no sólo a las aves, sino a los insectos y roedores.

En 1964 el Instituto Sueco de Protección recomendó reducir en 50% el uso del mercurio en las semillas, como un intento de empezar a disminuir el uso de metales pesados.

En Estados Unidos se empezó a mostrar preocupación por los efectos de los agroquímicos en la salud humana cuando en 1970 se intoxicaron los seis miembros de la familia Hucleby, quienes comieron la carne de un animal que fue alimentado con semillas tratadas con fungicida mercurial. Los resultados fueron lamentables: todos los miembros de la familia se quedaron ciegos, uno se quedó sordo, otro perdió la razón y otro estuvo en coma ocho meses.

Después de este hecho, el director de la División de Regulación de los Plaguicidas del Departamento de Agricultura de Estados Unidos anunció la determinación de realizar estudios acerca de los efectos de los agroquímicos en los seres vivos.

A nivel mundial se sabe cómo afectan estos productos a los seres vivos. En algunos países se prohibe usar algunos productos, pero los siguen fabricando y vendiendo a los países que no han prohibido su uso.

Cada año mueren 5 mil personas en el mundo a causa de intoxicación por agroquímicos.

El plomo, el mercurio y el cadmio son metales pesados que se usan muchísimo actualmente en agroquímicos, pinturas, gasolina, etcétera. Al parecer, nadie escapa de tener altos contenidos de estos contaminantes en el cuerpo.

La serie de padecimientos que aquejan a la población, relacionados con las enfermedades modernas, tienen que ver con lo que ingerimos a través de los alimentos, el aire, el agua y el sol, de ahí la importancia de adquirir alimentos libres de agroquímicos.

En México, cada año son reportados numerosos casos de personas intoxicadas por agroquímicos. Durante 1974, en la región lagunera se llegaron a reportar 800 intoxicados y 400 muertos.

En 1994, a través de los medios masivos de comunicación, se reportó un promedio mensual de 5 personas intoxicadas por trabajar con agroquímicos o por consumir alimentos contaminados.

El grupo Red de Acción Sobre Plaguicidas y Alternativas en México (RAPAM), miembro del *Pesticide Action Network* (PAN), dio a conocer, mediante su boletín, que durante 1991 en Córdoba, Veracruz, la empresa mezcladora Agricultura Nacional de Veracruz, S.A. (Anaversa) sufrió una explosión e incendio de sus instalaciones, con lo que se liberaron al ambiente sustancias consideradas peligrosas.

Los efectos se han dejado ver con los vecinos de la empresa y colonias aledañas, quienes hasta la fecha presentan padecimientos que van desde cáncer, anomalías congénitas, anomalías cardíacas, problemas de sarcoma y leucemia. Se han registrado casos de anemia plástica y trombocitopénica púrpura en menores.

Las víctimas de esta contaminación crearon una asociación para poderse amparar y evaluar los daños ocasionados y para darle seguimiento a la compensación que el seguro de la compañía Anaversa les tiene que proporcionar. Hasta la fecha los trámites continúan.

En México existe muy poca difusión sobre los efectos de los plaguicidas. Las medidas de seguridad que se necesitan para su manejo también tienen muy poca difusión.

A partir de 1990, en Zamora, Michoacán se reporta un promedio mensual de 30 personas intoxicadas con plaguicidas.

Esta situación la podemos encontrar en cualquier estado de la república mexicana sin que la legislación correspondiente pueda dar garantías a los campesinos que se ven expuestos constantemente a estos plaguicidas.

Boletín informativo:

En el mes de junio de 1985 se lanzó la campaña Docena sucia para darla a conocer a nivel mundial.

*La Docena sucia está formada por un grupo de plaguicidas peligrosos que han sido objeto de controles estrictos, prohibiciones y últimamente se trata de eliminarlos a nivel mundial por medio de acciones de la Red de Acción en Plaguicidas Internacional (*PAN: Pesticide Action Network*). Dicha red está integrada por miembros de más de sesenta países.*

La selección de los productos de la Docena sucia se basó en varios criterios: riesgos comprobados sobre los seres humanos o el ambiente; amplio uso (especialmente en el tercer mundo); existencia de prohibiciones y restricciones en países exportadores, y su importancia como ejemplo de otros aspectos más amplios dentro de los problemas que ocasionan los plaguicidas a nivel internacional.

Las metas de la campaña son: garantizar que la seguridad de la salud humana y del ambiente sean consideradas como prioridades en todas las decisiones políticas sobre plaguicidas; acabar con el uso de los plaguicidas de la Docena sucia donde no se pueda garantizar su empleo adecuado y seguro; eliminar las dobles normas en el comercio global de plaguicidas, y generar apoyo para la investigación y utilización de métodos seguros y sostenibles de control de plagas.

Colectivamente, los plaguicidas de la Docena sucia causan envenenamientos, muerte y destrucción ambiental año con año. De ahí la urgencia de detener la producción, venta y uso de éstos y otros productos químicos peligrosos, y promover la confianza en métodos más seguros y más sostenibles de control de plagas.

Tomado de los boletines utilizados por RAPAM.

A continuación enumeramos los 12 plaguicidas más utilizados:

- Clordano y heptacloro (clordano y heptacloro).
- DBCP.
- DDT (diclorodifenil tricloroetano).
- Clordimeformo (clordimeformo, CDF).
- Canfecloro (toxafeno).
- Los drines (aldrín, dieldrín y endrín).
- Paratión (paratión o etil paratión, metil paratión).
- HCH y lindano (hexacloruro de benceno y hexaclorocicloexano).
- Paraquat (paraquat).
- Pentaclorofenol (pentaclorofenol, penta o PCP).
- 2, 4, 5-T (2, 4, 5-T).
- EDB.

Agricultura orgánica

Debido a los graves efectos que han dejado los agroquímicos en la naturaleza, afectando principalmente a los seres vivos, surgen por todo el mundo grupos de personas conscientes de la importancia de buscar alternativas que no dañen la salud, los cuales han retomado y creado métodos para la producción agrícola sin utilizar sustancias tóxicas.

La difusión para consumir alimentos libres de agroquímicos se inició en la década de los sesenta. Los pioneros de la agricultura orgánica fueron pequeños grupos de ecologistas en Estados Unidos y Europa; posteriormente esta corriente llegó a los países denominados en vías del desarrollo, Latinoamérica y África, entre otros.

Actualmente, esta demanda, cada vez mayor, es la que lleva a los grandes productores a cultivar alimentos libres de agroquímicos. Inclusive, en los últimos años ha llegado a ser indispensable tener un certificado de inafectabilidad para poder exportar dichos productos. Este certificado es emitido después de varios años de no usar agroquímicos, una vez que la tierra ha recuperado sus propiedades.

La agricultura orgánica trabaja con el lema del respeto a la naturaleza, aprendiendo de ella en cuanto a la organización de su flora y fauna, y de la interrelación que hay entre ellas; de ahí que en un área de cultivo podemos encontrar una variedad de plantas donde unas a otras se protegen.

También toma en cuenta el uso de los recursos renovables: trabaja siguiendo el orden de los ecosistemas en lugar de destruirlos. Asimismo, retoma métodos tradicionales en los que se abona la tierra con desechos orgánicos, ya sea compostas o estiércol.

La agricultura orgánica toma en cuenta:

- El tipo de tierra y los compuestos minerales que tiene.
- La rotación y alternancia de cultivos.
- El control natural de plagas.
- Los abonos naturales.
- Las tradiciones agrícolas de cada región.

De esta manera, para la agricultura orgánica lo más importante es proporcionar alimentos de calidad a los seres vivos, respetando el entorno donde los produce.

A medida que entendamos la importancia que tiene la interrelación y la interdependencia que existe la naturaleza y nosotros, dejaremos de ser consumidores pasivos.

La responsabilidad de lo que consumimos es nuestra, así que podemos empezar a sembrar nuestras propias hortalizas en cualquier rincón del jardín, o incluso en macetas dentro de la casa.

De la demanda que hagamos de estos productos dependerá la respuesta de los productores.

A partir de la década de los sesenta empezaron a surgir en México grupos de apoyo social, asociaciones civiles, en fin, organismos no gubernamentales (ONG) que se han dedicado a trabajar en el apoyo al desarrollo comunitario, principalmente en el tema de la agricultura, promoviendo el rescate de métodos tradicionales para retomar la agricultura orgánica.

A partir de entonces se ha trabajado permanentemente con los campesinos para que se enteren de los efectos de los agroquímicos, con la finalidad de que puedan evaluar en su experiencia la forma más conveniente de producir.

Los grupos independientes –una minoría– que promueven la agricultura orgánica no se dan abasto para impulsarla y dar capacitación sobre esta técnica, mientras las compañías transnacionales cuentan con los recursos suficientes para promover sus productos hasta en los rincones más remotos del país.

En 1990 surge el grupo RAPAM, que mediante de su boletín difunde los efectos de los agroquímicos y las opciones que se pueden aplicar al respecto.

Algunos años antes surge el grupo AMAE (Asociación Mexicana de Agricultura Ecológica), que pertenece a la Federación Internacional de Agricultura Orgánica, y mediante su trabajo con los campesinos del sureste del país promueve la agricultura de transición y logra certificar la producción de alimentos libres de agroquímicos para poderlos exportar, como el caso del café.

Algunas universidades del país cuentan con centros de investigación en el área agrícola que tienen programas de agricultura orgánica. A su vez, existen organizaciones campesinas que se están capacitando para promover métodos alternativos de producción agrícola. También Luna Nueva, A.C. promueve y capacita en la producción de hortalizas ecológicas domésticas y escolares, como un modelo innovador en el municipio de Tepoztlán, Morelos, y en municipios vecinos. Todas estas acciones van encaminadas a mejorar la calidad de vida de nuestros pobladores.

El retomar métodos tradicionales agrícolas nos lleva también a mirar las bases de nuestra cultura, a evaluar nuestro propio ritmo de crecimiento y a darnos cuenta que el querer apresurarnos para tomar el ritmo de los países que se denominan desarrollados no es ninguna garantía de progreso.

La industrialización de los alimentos se creó para poderlos conservar por mucho más tiempo, ya que cuando se guardaban al natural eran fácilmente atacados por plagas.

La transformación de los alimentos para poderlos conservar, con el uso de latas para carnes, frutas y verduras; bebidas en polvo y refrescos; sopas, pastas y harinas en sobres; cajas con gelatinas, flanes y panes; frascos con mayonesas, mermeladas y catsup, así como golosinas, caramelos, chicles, etcétera, todos ellos adicionados con sabores, colores y conservadores artificiales, está dejando ver sus efectos negativos.

A partir de los años sesenta empiezan a surgir diversas enfermedades sobre las que se ha comprobado que tienen origen en la alimentación rica en aditivos; ahora ya son evidentes en miles de niños en todo el mundo y también en los adultos.

A pesar del estricto control de calidad al que son sometidos los alimentos en Estados Unidos, la lista GRAS (por sus siglas en inglés: *Generally Recognized as Safe* = generalmente reconocido como seguro) nos ofrece 3,000 aditivos. Hasta la fecha sólo se ha estudiado el efecto de 300, de los cuales 57 están catalogados como peligrosos para la salud; sin embargo, se consumen sin ninguna advertencia en muchos países.

En cuanto a los demás aditivos, también podemos sospechar de sus efectos nocivos para la salud mientras no se confirme lo contrario.

GLUTAMATO MONOSÓDICO

Se usa para incrementar el sabor de los alimentos. Generalmente se fabrica a partir de la fermentación del azúcar. Se conocen los siguientes efectos del glutamato monosódico: destruye las células nerviosas del hipotálamo; la función del hipotálamo es controlar el sistema nervioso autónomo, así como las funciones internas del cuerpo y el control del apetito.

En Estados Unidos está prohibido su uso en alimentos para niños.

CICLAMATOS

Son endulzantes artificiales con efectos cancerígenos y de mutación genética. Han sido implicados en el cáncer de hígado, defectos de nacimiento y mutaciones. A partir de 1970 se prohibieron en Estados Unidos, pero en los países llamados subdesarrollados se siguen usando.

AZÚCAR BLANCA O REFINADA

Como ya mencionamos en el apartado de suplementos alimenticios, el azúcar blanca o refinada no contiene nutrimentos, solamente proporciona hidratos de carbono, por lo que se considera una caloría vacía.

Al ingresar al cuerpo necesita de elementos nutritivos que éste tiene que conseguir de sus reservas para procesarla. Uno de los elementos que requiere es calcio, que a su vez necesita fósforo; de la misma manera requiere de algunas vitaminas, por lo que algunas autoridades en nutrición llaman al azúcar anti-nutriente.

El consumo de azúcar blanca ha incrementado el problema de caries, principalmente en los niños. También se relaciona con el infarto, hiperglucemia, úlceras, migraña, obesidad, venas varicosas, hemoroides, apendicitis, esquizofrenia, inestabilidad emocional, daño hepático y renal, hiperactividad, fatiga, padecimientos oculares y daños en articulaciones. La adicción que produce el azúcar es severa y se relaciona con la que producen la heroína, cocaína y otras drogas.

ALQUITRÁN DE CARBÓN

Las tintas del alquitrán se usan para dar color artificial a los alimentos. Sus efectos en la salud son fatales ya que producen intoxicación y cáncer. En algunos países están prohibidas, pero en muchos otros se siguen utilizando sin ninguna advertencia.

Otro elemento que se obtiene del alquitrán de carbón es la sacarina, endulzante artificial que llega a ser hasta 500 veces más dulce que el azúcar. Se ha relacionado directamente con el cáncer, entre otros padecimientos.

BENZOATO DE SODIO

Es el conservador más utilizado en México.

Se ha comprobado que produce los siguientes efectos: náuseas, dolor abdominal, dolor de cabeza e irritabilidad.

Hay sospecha de que provoca hiperactividad en los niños.

En Estados Unidos está prohibido usarlo en alimentos para niños.

BHT Y BHA

Antioxidantes artificiales que evitan que los aceites y las grasas se vuelvan rancios. Sus efectos tóxicos se relacionan con el cáncer de pecho, principalmente en mujeres.

NITRITOS Y NITRATOS

Los nitritos se usan como colorantes. Al ingresar al estómago, en contacto con los ácidos estomacales y con los radicales libres provenientes de las grasas saturadas, se transforman en nitratos.

Se ha comprobado su efecto tóxico en niños pequeños, fetos y personas con anemia. La salchicha, el tocino, las carnes frías y las frituras en general se aderezan con nitritos para darles el color rojo o rosado.

HORMONA DES Y ANTIBIÓTICOS

Utilizados en alimentos para animales de engorda, para promover su crecimiento y para evitarles enfermedades, llegan al consumo humano mediante la leche y la carne. Se ha comprobado que producen efectos indeseables: obesidad (es un tipo de gordura que podría llamarse "obesidad de agua", ya que la gente parece inflada de agua, principalmente la cara), cambios en la flora intestinal y resistencia a los antibióticos.

Aunque la hormona DES está prohibida en los países miembros de la CEE, se utiliza clandestinamente.

COLORANTES SINTÉTICOS

Naranja números 1 y 2, rojo número 1 y amarillo números 1, 2, 3 y 4 fueron prohibidos al comprobarse que son nocivos para la salud; a pesar de ello, en los países en vías de desarrollo se siguen utilizando.

El violeta número 1 que se utiliza para sellar la carne como garantía de seguridad, fue sospechoso de resultar cancerígeno, por lo que se prohibió en 1973.

El naranja B, el rojo 4 y el rojo citrus 2 tienen uso restringido por sus efectos nocivos; es mejor usarlo con precaución. El rojo número 2 fue prohibido en la Unión Soviética cuando se descubrió que era causante de defectos en el nacimiento. Actualmente se usan en helados, pasteles y en bebidas refrescantes de color rojo.

El verde 3 y el azul 1 son reportados como peligrosos por la Unión Internacional contra el Cáncer. El amarillo número 6, usado en margarinas y mantequillas, se relaciona con padecimientos de los ojos.

La lista de los aditivos es muy larga. Sin embargo, considero que es suficiente con mencionar algunos para poder entender que por ser elementos sintéticos ajenos a los elementos naturales que componen el cuerpo humano, provocan reacciones nocivas para la salud.

Uno de los primeros pasos que podemos dar para rescatar la salud es leer las etiquetas de los artículos que vamos a consumir, y el siguiente es adoptar hábitos alimenticios que nos lleven a consumir alimentos de calidad.

Elementos nutricionales de los alimentos

Germinados

Los germinados son brotes de semillas en los que se concentran y potencializan los nutrientes. Al abrirse las semillas se liberan enzimas que ayudan a la mejor asimilación de los nutrientes.

Son un alimento muy digestivo, altamente recomendado para que los ancianos los consuman, ya que la capacidad del cuerpo para asimilar algunos alimentos tiende a disminuir con la edad.

Los carbohidratos complejos son muy necesarios para el buen funcionamiento del cuerpo por ser una excelente fuente de energía; la fibra es indispensable para el buen funcionamiento de los intestinos. Para que el cuerpo pueda asimilar mejor los nutrientes de las semillas u oleaginosas, lo recomendable es consumirlas enteras, sin pulir ni refinar, y sin fraccionar sus ingredientes.

Los cereales y leguminosas son buenas fuentes de carbohidratos complejos, fibra y grasa (cuando se combinan los dos dan una excelente proteína), así como vitaminas y minerales.

Leguminosas: lentejas, habas, garbanzos, chícharos y frijoles. Se caracterizan porque están en vainas.
Oleaginosas: nueces, almendras, cacahuates, ajonjolí, semillas de calabaza y de girasol.

Las oleaginosas proporcionan una excelente energía de reserva, proveen al cuerpo de grasa de muy buena calidad así como de carbohidratos complejos, proteínas, vitaminas y minerales.

El ajonjolí, además de ser una buena fuente de grasa, es una excelente fuente de calcio ya que tiene dos veces más calcio y fósforo que otras semillas; la combinación de estos dos minerales es la ideal para que el cuerpo los asimile.

El aceite que se extrae de las oleaginosas y cereales debe consumirse con moderación, ya que es un elemento aislado que requiere un esfuerzo extra del cuerpo para asimilarlo; lo más recomendable es el aceite prensado en frío, y consumirlo crudo.

La fibra o celulosa es un material que contribuye al movimiento regular de los intestinos, evita el estreñimiento y ayuda a eliminar el colesterol. Los cereales integrales, las frutas y verduras son una excelente fuente de fibra.

La avena, en especial, es magnífica para ayudar a eliminar colesterol.

La obesidad, el estreñimiento y el colesterol se reducen considerablemente al consumir alimentos ricos en fibra.

Hongos

Existen diversas clases de hongos comestibles, los más conocidos son: hongos clavito o corralitos, mazorquitas o pancitas, patas de pajaritos, los cornetas, las palomas, las señoritas, los hongos yema, los enchilados, el duraznillo, el lengua de gato, los pipilas y los negritos o gachupines. En la actualidad también se encuentran en los mercados champiñones y setas, que son hongos especialmente cultivados.

Los hongos que se recolectan en la época de lluvia formaban y siguen formando parte importante de la alimentación mexicana.

Estos sabrosos productos de la tierra son ricos en vitaminas del complejo B, en hierro, calcio y en proteína, aunque esta última en menor cantidad.

Algas

El alga espirulina es un excelente suplemento para la dieta. Se recomienda sobre todo para los niños, ya que posee una rica composición de minerales, calcio, hierro, fósforo, potasio, manganeso, sodio, zinc, yodo, y vitaminas como la A, C y el complejo B, incluida la B12; las algas llegan a tener hasta 20% de proteína, por lo que es un suplemento bastante completo.

La dosis recomendada para niños, adolescentes y adultos es una cucharada sopera al día o 15 tabletas en tres tomas diarias. Actualmente, además del alga espirulina se pueden conseguir alga kombu o kelp, wakame, hiji ki, nori, y kanten, conocida también como agar-agar, que se usa para elaborar gelatinas y postres.

Dulces mexicanos

La comida mexicana requiere de mucho tiempo para cocinarla ya que sus platillos son muy elaborados, de ahí que en días de fiesta se trabaje desde la víspera.

En una comida tradicional mexicana no pueden faltar los dulces, que al igual que los otros platillos se hacen principalmente con frutas de la temporada.

La elaboración de los dulces es una manera muy práctica de guardar y conservar las frutas de la temporada para poder saborearlas todo el año.

Verduras

La mejor forma de proporcionarle al cuerpo las vitaminas que necesita cotidianamente es mediante el consumo de frutas y verduras crudas, ya que algunas vitaminas se pierden con el cocimiento. Además, es una buena fuente de fibras, indispensables para el buen funcionamiento de los intestinos.

Recetario de alimentos tradicionales

Ensaladas

Guacamole

4 aguacates grandes
1 cebolla mediana
5 ramitas de cilantro
4 jitomates
4 chiles serranos
2 limones

Pele y corte el aguacate en cuadritos; haga lo mismo con el jitomate y la cebolla. Revuelva estos ingredientes con cuidado, agregue el cilantro picado, jugo de limón y sal al gusto.

Se recomienda añadir un hueso de aguacate para que no se haga prieto.

Para 6 personas

Ensalada con champiñones

1/4 kg de champiñones
1/2 lechuga
4 zanahorias
1 pimiento morrón rojo
1/4 kg de germinado de alfalfa
2 varitas de apio

Corte los champiñones siguiendo la forma del hongo, la lechuga en trozos y junto con los germinados póngala a desparasitar; la zanahoria, el pimiento y el apio córtelos en larguitos. Finalmente revuelva toda la verdura y aderece antes de servir.

Aderezo: aceite de oliva licuado con jugo de limón y salsa de soya o tamari.

Para 4 personas

Ensalada de nopales

15 nopales tiernos
1 kg de jitomates
1/4 kg de cebolla
1 manojo de cilantro
1/4 kg de queso fresco molido
sal y orégano al gusto

Ponga a cocer los nopales con un poquito de tequesquite, enjuáguelos en agua fría y déjelos escurriendo. El jitomate córtelo en trocitos, la cebolla en rodajas y el cilantro píquelo finamente. Revuelva todo con sal al gusto y un poquito de aceite de oliva, agregue el orégano molido en la mano y adorne con el queso.

Para 6 personas

Ensalada con flor de calabaza

2 manojos de flor de calabaza
1/2 lechuga
1 manojo de rabanitos
2 zanahorias grandes ralladas
2 varitas de apio
2 jitomates bola grandes

Corte la lechuga en trozos y desparasite; lave las flores bien y separe sus pétalos; los demás ingredientes córtelos en rodajas.

Revuelva todos los ingredientes y aderece con aceite de oliva, limón, pimienta y sal.

Para 6 personas

Ensalada con flor de cabuche (botón de biznaga)

1/4 kg de flor de cabuche
5 zanahorias
5 varitas de apio
1/2 lechuga
1/4 kg de chícharos
2 tazas de granos de elote
1/4 kg de champiñones
5 papas medianas
1 pimiento morrón

Vinagreta:

2 tazas de aceite de oliva
1 taza de aceitunas en trocitos
1/2 taza de perejil picado
4 dientes de ajo machacado
orégano fresco y sal al gusto
1/2 cucharada de mostaza
2 cucharadas de vinagre de manzana

Ponga a cocer la flor de cabuche, los chícharos, los granos de elote y las papas, cada uno por separado. Lave el resto de las verduras crudas y córtelas en trozos grandes.

Las verduras acomódelas en una fuente por separado, para que cada persona se sirva a su gusto.

Prepare la vinagreta reuniendo todos los ingredientes en un frasco de cristal; tape, agite y guarde en el refrigerador al menos durante 12 horas.

Para 6 personas

Las flores en botón que se desarrollan en la parte superior de algunas biznagas se llaman cabuche. La biznaga es una planta de la familia de las cactáceas y crece en la zona árida de los estados de San Luis Potosí, Zacatecas y Nuevo León.

Sopa de flor de calabaza (xóchitl ayutli)

5 manojos de flor de calabaza
4 jitomates
2 elotes
2 calabacitas
1 chayote
1 taza de ejotes cortados
1 taza de chícharos
4 dientes de ajo
1 trozo de cebolla
4 ramitas de cilantro

Corte todas las verduras, menos la flor y el elote, en larguitos y se guisan. Después agregue el elote cortado en trozos; cuando la verdura ya está cocida agregue la flor y el cilantro, y apague el fuego.

Para 4 personas

Sopa de elote

8 elotes grandes y tiernos
4 ramitas de perejil
1 cebolla picadita
50 gr de mantequilla
pimienta y sal al gusto

Los elotes se cuecen enteros, después se desgranan y la mitad se licua en el agua donde se cocieron. La mantequilla se pone al fuego junto con la cebolla y cuando ésta se pone transparente, se agregan los elotes molidos, después los granos enteros y se deja al fuego 10 minutos. En el último hervor se agrega el perejil, la sal y la pimienta al gusto. ▩

▩ Para 6 personas

El amaranto se puede agregar a cualquier tipo de sopas o cremas de verduras durante el ultimo hervor, y cuando la sopa ya esté cocida, se deja reposar diez minutos antes de servir. ▩

Sopa de haba con nopal

15 nopalitos tiernos
1/2 kg de habas
3 ramitas de hierbabuena
3 ramitas de epazote
1 chile mulato
4 dientes de ajo
3 ramitas de orégano fresco

Ponga los nopales picados a cocer al vapor con sal, hasta que queden al dente.

Hierva las habas por separado en una olla de barro. Cuando ya están bien cocidas, que algunas incluso se desbaraten, agregue los nopalitos, sal, orégano, hierbabuena, ajo bien picado, chile mulato entero asado y desvenado, y deje en el fuego durante 10 minutos. ▩

▩ Para 6 personas

Chile atole

8 elotes tiernos desgranados
1 taza de masa blanca
1/2 taza de epazote
3 chiles poblanos
sal al gusto

Disuelva la masa en 2 litros de agua y cuele sobre un cedazo o colador de tela.

Licue los chiles y cuélelos. Muela el equivalente de dos elotes junto con el epazote. Al resto de los granos de elote agréguele los demás ingredientes y ponga a cocer a fuego lento durante 20 minutos, moviendo constantemente para que no se pegue.

Agregue el agua necesaria.

Para 6 personas

Sopa de flor de cempasúchil

10 flores de cempasúchil
1/2 kg de jitomate
1 cebolla
1/4 kg de queso cotija rallado

Desprenda los pétalos de las flores; con el jitomate prepare una salsa que debe poner al fuego y cuando está hirviendo, agregue los pétalos y sal al gusto. Al servirla, añada una cucharada de queso en cada plato.

Para 6 personas

Hongos

Calabacitas al cuitlacoche (cuitlacochin)

5 cuitlacoches grandes
6 calabacitas redondas
1/2 taza de cebolla picada
1/2 taza de epazote picado
1 taza de queso cotija rallado
1/2 kg de tomate
2 chiles serranos
1/2 cebolla
15 dientes de ajo

Corte el cuitlacoche en trocitos, fríalo con el ajo, la cebolla picada y el epazote, y déjelo cocer a fuego lento.

Lave las calabacitas, córteles una tapita y ahuéquelas con cuidado para que no se desbaraten. Rellénelas con el cuitlacoche mezclado con el queso.

Prepare una salsa espesa con el tomate, los chiles y la cebolla; para ello, agregue pepitas molidas o un poco de harina.

Finalmente, acomode las calabacitas en un recipiente y cocine a fuego lento.

Para 4 personas

Quesadillas con cuitlacoche

2 cuitlacoches grandes
15 tortillas
1 cebolla
1 cabeza de ajo
1 manojo de epazote

Corte el cuitlacoche en trocitos, pique la cebolla y el ajo finitos; fría éstos últimos y cuando la cebolla está transparente agregue el cuitlacoche y el epazote picado. Deje en el fuego hasta que se cuezan.

Posteriormente agregue una cucharada grande a cada una de las tortillas, doble y caliente en un comal. Sírvalas acompañadas con salsa.

También se puede servir el cuitlacoche en tostadas.

Para 6 personas

Cuitlacoche al mojo de ajo

2 cuitlacoches grandes
1 cabeza de ajos
1 cebolla grande

Corte el cuitlacoche en trocitos, lo mismo la cebolla y el ajo al gusto. Fría el ajo y la cebolla, y cuando ya están transparentes agregue el cuitlacoche; añada sal al gusto y deje al fuego hasta que se cocine.

Este platillo sirve como guarnición para acompañar otros platillos; también es muy recomendado como entrada o entremés.

Para 6 personas

Pasta para crepas

2 tazas de harina integral
2 tazas de leche
2 huevos
1 pizca de sal

Revolver todo muy bien, dejar reposar dos horas mínimo antes de hacer las crepas.

Crepas de cuitlacoche

1 kg de cuitlacoche
1 elote grande
6 ramas de epazote
1 cebolla picadita
5 dientes de ajo
20 crepas
3 chiles serranos
aceite de oliva

Salsa:

1 kg de jitomate
1 cebolla pequeña
2 ramitas de albahaca fresca
1/2 kg de queso manchego

Corte el cuitlacoche en trocitos; fría la cebolla y el ajo y cuando ya están transparentes agregue el cuitlacoche, el epazote y los chiles picaditos. Deje en el fuego hasta que se cuezan.

Rellene las crepas con el cuitlacoche, enróllelas y acomódelas en un molde refractario previamente engrasado.

Báñelas con la salsa, agregue el queso rallado y métalas al horno.

Para hacer la salsa, ponga a cocer el jitomate pelado, muélalo con la cebolla y guísela. Cuando suelten el hervor agregue la albahaca y sazone. Cuando la salsa está lista saque la albahaca.

Para 6 personas

Paté de cuitlacoche

2 cuitlacoches grandes
1/2 kg de requesón
4 ramitas de epazote
sal y pimienta negra al gusto
1 cebolla picada
aceite de oliva al gusto

El cuitlacoche y el epazote córtelos en trocitos. Fríalos con la cebolla y deje en el fuego hasta que se cocinen. Déjelo enfriar y después agregue el requesón, la sal y la pimienta. Muela todo junto, vacíe en un molde y deje reposar varias horas antes de servirse.

Para 6 personas

Mixiotes de hongos de recolección

1 kg de hongos variados
20 nopalitos tiernos
100 gr de chile guajillo
1 cucharada de tomillo
1 cucharada de comino
3 cucharadas de mejorana
1 cebolla en rodajas
1 cebolla en trocitos
hojas de maguey
5 dientes de ajo

Lave los hongos muy bien para quitarles la tierra y córtelos en trozos; los nopalitos córtelos en larguitos y déjelos reposar con bastante sal; ase los chiles, desvénelos y cuézalos, después muela y cuélelo; las especias muélalas en seco con un mortero. Fría la cebolla picadita y el ajo, añada el chile y las especias, sazone y deje al fuego durante 15 minutos, moviendo constantemente.

Las hojas de maguey especiales para mixiotes remójelas durante una hora, después escúrralas.

A cada hoja de maguey agregue una cucharada de nopal, una de hongos y una de salsa, cierre muy bien y amarre, acomode y ponga a cocer al vapor por espacio de 45 minutos aproximadamente.

Para 6 personas

Souflé de hongos

1/2 kg de hongos
400 gr de queso parmesano
3 tazas de leche
2 huevos
sal y pimienta al gusto

Bata las claras a punto de turrón; parta los hongos en trocitos; caliente la leche con un poco de sal, retírela del fuego y agrégueles los hongos y el queso rallado; después las yemas batidas y las claras a punto de turrón; mezcle todo muy bien. Finalmente, agregue la mezcla en un molde previamente engrasado y hornee durante 30 minutos.

Para 4 personas

Setas estilo Jalisco

1 kg de setas
1/2 kg de jitomate
100 gr de chile guajillo
1 cebolla picadita
10 dientes de ajo
20 tostadas
2 cucharadas de tomillo
1 lechuga romanita

Corte las setas a lo largo. El chile desvénelo y cuézalo con poca agua junto con el jitomate, agregue el tomillo, muela todo junto y cuele. Fría en poco aceite la cebolla y el ajo, agregue las setas y por último el chile. Deje en el fuego hasta que se cuezan la setas. Pique la lechuga muy finita.

Agregue una cucharada de setas a cada tostada y adorne con la lechuga.

Para 6 personas

Papas rellenas con champiñones

8 papas grandes blancas
1/2 kg de champiñones
1/2 taza de yogurt
100 gr de queso chihuahua
100 gr de nuez en trocitos
5 ramitas de perejil
una pizca de nuez moscada
50 gr de mantequilla

Parta las papas a lo largo y cocínelas con muy poca agua. Estando todavía calientes sáqueles la pulpa cuidando que no se rompa la cáscara. Haga un puré y agregue los champiñones cortados muy delgaditos, el perejil, la nuez, la nuez moscada, el yogurt y la sal; mezcle todo muy bien. Con esta mezcla rellene las papas, póngales encima un trocito de mantequilla y queso rallado. Métalas al horno caliente por espacio de 15 minutos para que gratine el queso.

Sirva caliente acompañado de ensalada.

Para 6 personas

Amaranto

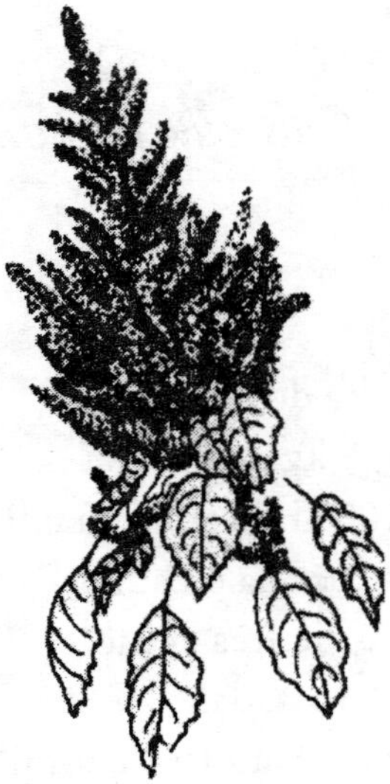

Mole con amaranto

125 gr de chile pasilla
125 gr de chile guajillo
100 gr de chile mulato
10 dientes de ajo
1 cebolla mediana
2 jitomates
6 tomates verdes
2 tazas de amaranto reventado
1/2 litro de caldo de verdura
4 pimientas enteras
2 clavos
1 cucharada de ajonjolí
1/2 cucharada de orégano
1/2 cucharada de comino
125 gr de pepita verde

Ponga a cocer los chiles, los tomates y los jitomates. Después muela y cuele. Fría el ajo y la cebolla en trocitos y muela junto con las semillas tostadas y el caldo de verduras. Cuele y ponga a hervir todo junto, moviendo constantemente. Por último, añada el amaranto, las especias y sal al gusto.

Puede agregar en el mole papas cocidas, champiñones u okara.

Para 4 personas

Nopal

Mixiotes de nopal

15 nopales tiernos
10 chiles guajillo
2 cebollas
1/2 kg de hongos de temporada
10 ramas de epazote
comino, clavo y pimienta al gusto

Nota: Los mixiotes se envuelven en la piel blanca y delgada que se arranca de la penca tierna del maguey.

Pique los nopales en crudo y déjelos con sal. Los chiles asados y desvenados cuézalos, muélalos y cuélelos, luego guíselos con el ajo y la cebolla, agrégueles las especias molidas en molcajete o mortero y déjelos a fuego durante 15 minutos.

Lave los hongos y córtelos en trocitos. Corte las hojas de papiro del maguey en cuadros de 15 por 15 centímetros, póngales una cucharada de nopal crudo, una rodaja de cebolla, unas hojitas de epazote, una cucharada de salsa y una cucharada de hongos. Cierre muy bien el mixiote (si es necesario se amarra) y cuézalo al vapor como los tamales. Debe servirse caliente.

Para 6 personas

Tortitas de amaranto

1 taza de avena
1 taza de amaranto reventado
1 cebolla picada
1/2 manojo de epazote picado
1/2 kg de zanahorias
pimienta y sal al gusto

Revuelva todos los ingredientes añadiendo 1 o 2 cucharadas de agua para que se pueda unir la pasta. Haga las tortitas y fríalas o áselas. Servir con salsa de tomate y ensalada.

Para 6 personas

Tortitas de nopal

10 nopales
1/2 kg de jitomate
1 cebolla
1/2 kg de huevos
1 manojito de cilantro
1/2 kg de queso rallado
100 gr de galleta salada molida

Corte los nopales en tiritas y cuézalos; después escúrralos. Corte finamente el jitomate, la cebolla y el cilantro, agregue el queso, los nopales, la galleta molida, sal y orégano al gusto, y revuelva todo.

En una sartén con aceite agregue una cucharada de este preparado y deje freír para formar las tortitas. Las puede meter al horno en un molde engrasado y acompañar con salsa roja o verde.

Para 4 personas

Chiles rellenos de nopal

6 chiles poblanos
4 nopales medianos
1/2 kg de queso para gratinar
1/2 kg de tomate verde
clavo, pimienta y yerbas de olor
1 cebolla
1 cabeza de ajo

Salsa:
1 kg de jitomate
albahaca

Ponga los chiles a asar, límpielos, ábralos con cuidado y desvénelos. Corte en trozos pequeños los nopales. Pique finamente el tomate, la cebolla y el ajo, agrégueles los condimentos y revuelva muy bien.

Rellene los chiles y agrégueles un trozo de queso. Colóquelos en un refractario engrasado, bañe con salsa y métalo al horno durante 20 minutos a 250 °C.

Salsa:
Pele el jitomate, cuézalo, muélalo y después póngalo a hervir con albahaca y sal. ▩

▩ Para 4 personas

Nopales con rajas de poblano

6 chiles poblanos
6 nopales
1/2 kg de jitomate
1 cebolla
4 dientes de ajo

Lave y pique toda la verdura. Ponga a freír el nopal, el chile, la cebolla y el ajo; cuando estén acitronados agregue el jitomate y sal al gusto. Deje en el fuego hasta que queden al dente. ▩

▩ Para 6 personas

Nopales en escabeche

10 nopales
1/4 kg de calabacita
1/4 kg de chiles cuaresmeños
1/4 kg de ejote
1/4 kg de chícharo
1/4 kg de coliflor
1 cabeza de ajo
1/4 kg de cebolla
pimienta, clavo y yerbas de olor
1/4 litro de vinagre

Pique todo en crudo y fría con poco aceite. Cuando esté al dente, agregue vinagre, sal y hierbas de olor. Retire del fuego.

Para 6 personas

Nopales al horno

10 nopales
2 kg de jitomate
1/2 kg de cebolla
1 manojo de cilantro
1/2 kg de queso cotija rallado

Corte los nopales en tiritas, el jitomate y la cebolla en rodajas y el cilantro píquelo finamente.

En un molde refractario acomode en capas: los nopales, el jitomate, la cebolla, el queso y el cilantro. Cuando ya está toda la verdura, se tapa el refractario con papel aluminio para que cierre herméticamente.

Póngalo al horno durante 40 minutos aproximadamente, a 175 °C.

Para 6 personas

Nopales asados

12 nopales tiernos
6 limones
sal y pimienta al gusto

Ralle los nopales ya lavados con el cuchillo sin cortarlos, báñelos con jugo de limón, póngales sal y pimienta al gusto, y ase en el comal caliente, volteándolos para que se cuezan de los dos lados.

Se puede sustituir el limón por queso rallado, éste se le pone al nopal cuando se le da la vuelta.

Sírvalos acompañados de frijoles de la olla recién cocidos, de tortillas recién hechas y de una salsa a la mexicana.

Para 6 personas

Nopalitos navegantes

15 nopales
8 chiles anchos
6 huevos
1/2 kg de jitomate
1 cebolla mediana
5 dientes de ajo
sal al gusto

Ponga a cocer los chiles desvenados junto con el jitomate, después se muélalos con el ajo, la cebolla y la sal. Guise esta salsa hasta que hierva, agregue los nopalitos y deje hervir durante 5 minutos. Después agregue los huevos, de uno en uno, teniendo cuidado que caigan enteros, y deje en el fuego durante 20 minutos más.

Para 6 personas

Nopales rellenos

12 nopales tiernos del mismo tamaño
tequesquite
6 rebanadas de queso Chihuahua
1 cebolla en rodajas
2 dientes de ajo
5 ramas de epazote
4 chiles jalapeños en rajitas
4 huevos
aceite
sal y pimienta al gusto

Ponga a cocer los nopales con un poquito de tequesquite y con poca agua. Después escúrralos y déjelos enfriar.

Sobre cada nopal coloque una rebanada de queso, unas hojitas de epazote, una rodaja de cebolla, orégano, una rajita de chile y se cubre con otro nopal. Asegure con palillos.

Bata el huevo a punto de turrón y pase los nopales, con un poquito de harina, por el huevo y fríalos.

Báñelos en salsa, y acompáñelos de frijoles fritos y ensalada.

Para 6 personas

Maíz

Pozole tapatío

1 kg de maíz morado o blanco
1 cabeza de ajo
125 gr de chile pasilla
2 kg de jitomate asado
1 cebolla grande
4 cucharadas de tequesquite
orégano y sal al gusto

En 2 litros de agua caliente se disuelva el tequesquite, agregue el maíz y deje hervir 15 minutos hasta que el maíz suelte el pellejo. Entonces retire del fuego y lave perfectamente, frotándolo para que quede libre del pellejo.

Póngalo a hervir en 4 tantos de agua, para que cubran el maíz, junto con la cabeza de ajo. Mover sin tocar el fondo de la olla.

Remoje los chiles en agua caliente, desvénelos y licúelos con los jitomates asados y pelados, la cebolla y el orégano. Cuele esta mezcla y agréguela al maíz; si es necesario, ponga más agua caliente.

Cuando ya haya reventado el maíz, licue 2 tazas junto con 5 dientes de ajo y agréguelo al pozole; ponga también la salsa colada y guisada previamente, dejándolo 10 minutos más al fuego.

Al servir el pozole agregue a cada plato una cucharada de champiñones previamente guisados con ajo.

Preséntelo adornado con lechuga, cebolla, rabanitos y para acompañar, tostadas y agua fresca.

Para 6 personas

Arepas (de Colombia)

1/2 kg de harina de maíz pelado
agua y sal al gusto

Mezcle la harina con agua y sal hasta formar la masa. Tome pelotitas de masa en las manos y moldéelas para formar tortitas redondas, para cocer en el comal. Cuando estén listas ábralas a lo largo y póngales queso rallado. Puede servirlas con salsa y también rellenar de champiñones, rajas, cuitlacoche o flor de calabaza.

Nota: Esta misma receta se puede hacer con harina de maíz.

Para 4 personas

Esquites

8 elotes grandes
1 cebolla mediana
1 ramita de epazote
2 chiles guajillos que piquen

Desgrane los elotes y póngalos a cocer; cuando ya están, guíselos con cebolla y epazote en trocitos. Tueste el chile, desvénelo, córtelo en trocitos e incorpórelo. Déjelo al fuego durante 10 minutos.

Sírvalos con limón y chile piquín en polvo.

Para 4 personas

Tostadas tapatías

20 tostadas
1/2 kg de frijoles cocidos
1 lechuga romanita
1 manojo de rabanitos
1 queso panela chico
1/2 kg de jitomate
200 gr de queso cotija molido
Orégano y sal al gusto

Corte la lechuga finita y desparasítela, corte los rábanos en rodajas y el queso panela en rebanadas. Ase el jitomate, pélelo y muélalo, sazonándolo con sal y orégano. Después ponga a hervir durante 5 minutos. Muela los frijoles y guíselos.

Unte los frijoles a las tostadas, póngales una rebanada de queso panela, lechuga y rabanitos; agregue la salsa de jitomate y el queso rallado.

Para 6 personas

Tamales

Base para tamales

1 kg de masa para tamal
2 cucharadas de tequesquite o polvo para hornear
350 gr de mantequilla
1/2 litro de agua
10 cáscaras de tomate
4 cucharadas de cominos
Sal al gusto
2 manojos de hojas de maíz

En una taza de agua ponga a hervir los cominos, las cáscaras de tomate y el tequesquite. Mezcle la masa con la mantequilla y bátalas.

Agregue el agua donde se cocieron las cáscaras de tomate, colándola, y bata la masa por 15 o 20 minutos hasta lograr una masa uniforme; añada sal al gusto, disuelta previamente
en agua.

El punto de la masa es cuando en el fondo del recipiente se hacen ojitos. Otra manera de probar si la masa está en su punto es dejando caer una bolita de masa en un vaso con agua y si flota, está lista para usarse.

Ponga a remojar las hojas de maíz limpias durante una hora y después escúrralas.

Agregue una cucharada de la masa en cada hoja, envuélvalas bien y acomódelas en una vaporera. Déjelas cocinando 50 o 60 minutos aproximadamente.

Estos tamales se pueden servir en lugar de tortillas para acompañar la comida.
Nota: cuando lleva relleno debe incorporarlo antes de cerrar el tamal.

Tamales de queso

1 kg de masa para tamal ya preparada
6 chiles poblanos
1/2 kg de jitomate
1/2 kg de queso Oaxaca
1 cebolla
4 dientes de ajo
1 manojito de cilantro
aceite
2 manojos de hojas de maíz

Corte el queso en trozos de 4 cm. Ase los chiles, métalos en una bolsa de plástico y déjelos ahí durante 15 minutos; después los pela, los desvena y los corta en rajitas.

Lave y pele el jitomate, córtelo finamente al igual que la cebolla, el ajo y el cilantro bien lavado. Revuelva todo y sofríalo en 2 cucharadas de aceite durante 5 minutos, a fuego lento.

Agregue a las hojas de maíz (previamente remojadas y escurridas) la masa, una cucharada del relleno y un trozo de queso. Cierre los tamales, acomódelos en una vaporera y déjelos cocer durante 60 minutos.

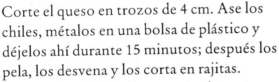

Para 6 personas

Tamales de verdura

1 kg de masa para tamal ya preparada
3 elotes
1/2 kg de brócoli
1/2 kg de chícharo
1 pimiento morrón rojo
4 varitas de apio
1/2 kg de hongo
1 poro
10 dientes de ajo
1/2 kg de queso cotija
1/2 kg de papa
1/2 kg de zanahoria
pimienta y tomillo
aceite de oliva
sal al gusto
2 manojos de hojas de maíz

Desgrane los elotes, pele los chícharos y póngalos a cocer aparte. Lave la verdura y córtela en trocitos.

Junte toda la verdura y sofríala con 4 cucharadas de aceite de oliva y sal al gusto; añada la pimienta y el tomillo molidos en molcajete o en mortero.

Unte la masa y agregue el relleno y el queso a las hojas de maíz (previamente remojadas y escurridas). Cierre bien los tamales, acomódelos en una vaporera y déjelos cocer durante 60 minutos.

Para 6 personas

Tamales de semilla

1 kg de masa para tamal ya preparada
150 gr de ajonjolí
150 gr de semilla de girasol pelada
150 gr de nuez en trocitos
150 gr de semilla de calabaza pelada
pimienta al gusto
2 manojos de hojas de maíz

Tueste las semillas y agréguelas a la masa para tamales; amásela muy bien para distribuir uniformemente las semillas. Puede agregar pimienta en el momento en que se está amasando.

Rellene las hojas de maíz (previamente remojadas y escurridas) con esta masa y ponga a cocinar los tamales al vapor durante 60 minutos.

Para 6 personas

Tamales rojos

1 kg de masa para tamal ya preparada
250 gr de chile guajillo
1 cebolla pequeña
10 dientes de ajo
4 hojas de laurel
tomillo
sal al gusto
2 manojos de hojas de maíz

Limpie los chiles, quíteles las semillas, lávelos y póngalos a cocer. Después muélalos junto con la cebolla y el ajo, cuélelos y póngalos a cocer de nuevo. Agregue las hojas de laurel y el tomillo molido en seco previamente; añada sal al gusto y manténgalos 10 minutos más al fuego.

Incorpore esta salsa a la masa para tamales y ya que esté bien amasada, agréguela a las hojas de maíz (previamente remojadas y escurridas) para formar los tamales. Cocínelos al vapor durante 60 minutos.

Estos tamales se pueden servir en lugar de tortillas para acompañar la comida.

Para 6 personas

Tamales de mole

1 kg de masa para tamal ya preparada
50 gr de chile negro
50 gr de chile mulato
50 gr de chile pasilla
50 gr de pepita verde
50 gr de ajonjolí
50 gr de almendras

Salsa

1 cebolla
8 dientes de ajo
1/2 kg de jitomate
1/2 kg de tomate verde
sal al gusto
2 manojos de hojas de maíz

Lave y seque todos los chiles; después tuéstelos, desvénelos y déjelos remojando 4 o 5 horas. Tueste las pepitas, las almendras y el ajonjolí. Lave y corte en trozos regulares el tomate y el jitomate; también corte finamente la cebolla y el ajo.

Muela los chiles con poca agua, cuélelos y póngalos a fuego lento, moviendo constantemente durante 1 hora. A los 30 minutos agregue la salsa de jitomate.

Salsa:
Se prepara poniendo a freír la cebolla y el ajo, que se incorporan al jitomate y al tomate; muela todo junto y agréguelo al mole. Muela las semillas e incorpórelas al mismo tiempo, agregue sal al gusto y mueva constantemente, hasta que quede espeso.

Antes del último hervor puede agregar romeritos con papa, queso panela o champiñones al mojo de ajo.

Rellene los tamales con el mole.

Para 6 personas

Tamal horneado

1 kg de masa para tamal
1/2 litro de aceite
30 gr de achiote
8 hojas grandes de plátano
1 bola de hilaza

Engrase un molde refractario de vidrio con aceite, agregue una capa de masa para tamal, una de mole con champiñones al gusto y encima otra de masa.

Póngalo a hornear a 250 °C durante 40 minutos aproximadamente, o hasta que la masa esté cocida.

Debe servirse caliente y acompañado de ensalada.

Masa:
Mezcle la masa con el aceite y amásela. Disuelva el achiote en media taza de agua caliente junto con la sal al gusto; agregue esta agua a la masa y continúe amasando hasta que en el fondo del recipiente se hagan ojitos.

Para 6 personas

Tamales veracruzanos

1 kg de masa para tamal
1/2 litro de aceite
30 gr de achiote
8 hojas grandes de plátano
1 bola de hilaza

Relleno:

1/4 kg de zanahorias en rodajas
1/4 kg de ejotes en trocitos
1/4 kg de chícharos pelados
1/4 kg de papas picadas en trozos
5 huevos duros en rodajas
1 cebolla grande
150 gr de alcaparras
150 gr de aceitunas
100 gr de almendras peladas
8 chiles jalapeños en rajitas

Salsa:

3 jitomates asados
3 dientes de ajo
1/2 cebolla mediana
2 hojas santas
Aceite
Sal al gusto

Salsa:
Licue los ingredientes para la salsa y póngalos a hervir durante 10 minutos. Hierva también las hojas de plátano durante 10 minutos para suavizarlas y corte cada hoja en rectángulos de 20 cm de largo por 15 cm de ancho.

Masa:
Mezcle la masa con el aceite y amásela. Disuelva el achiote en media taza de agua caliente junto con la sal al gusto; agregue esta agua a la masa y continúe amasando hasta que en el fondo del recipiente se hagan ojitos.

Tamales:
Extienda la masa en las hojas hasta cubrirlas casi totalmente; agregue el relleno, es decir, un poquito de cada verdura, una almendra, una rodaja de cebolla, una aceituna, una alcaparra, una tirita de jalapeños, un pedacito de huevo duro y al final, una cucharada de salsa. Doble las hojas de plátano, procurando que los tamales queden bien cerrados, y amárrelos con la hilaza.

Cocínelos al vapor durante 60 minutos.

Para 6 personas

Tamales michoacanos o corundas

1 kg de maíz
1 cucharada de tequesquite
2 tazas de ceniza de carbón de madera comestible
1/2 kg de mantequilla
1/2 kg de crema
200 gr de queso fresco
4 chiles poblanos
1 cebolla mediana
1/2 kg de jitomate
300 gr de queso panela
1 cucharada de polvo para hornear
caldo de verduras o agua
pimienta y sal al gusto
4 manojos de hojas de maíz

Ponga a cocer el maíz junto con la cal y la ceniza en una olla con 2 litros de agua. Cuando el agua suelte el hervor, mueva continuamente con una cuchara de madera durante 15 minutos. Retire del fuego, escurra y lave el maíz con agua fría, frotándolo hasta que suelte el hollejo. Una vez limpio muélalo, obteniendo de esta manera la masa para los tamales.

Acreme la mantequilla, agregue el polvo de hornear y el caldo de verduras, incorpórelo a la masa y continúe batiendo hasta que esponje y haga ojitos. Cuando esté lista, agregue el queso rallado, la crema, la sal al gusto y continúe batiendo.

Los chiles asados, pelados y desvenados, córtelos en rajitas. El jitomate asado muélalo junto con la cebolla. Fría la salsa, agregue las rajas, sal y pimienta al gusto, dejando a fuego lento por 10 minutos. Después agregue el queso panela en trozos.

Finalmente rellene con este preparado los tamales, doble en forma de triángulos, colóquelos en una vaporera y deje en el fuego durante 60 minutos.

Para 6 personas

Tamales de chaya

1 kg de masa para tamal ya preparada
25 hojas de chaya tamaño regular
2 cebollas
10 dientes de ajo
1 ramito de epazote
sal al gusto
aceite de oliva
25 hojas grandes de chaya para envolver los tamales
1 bola de hilaza

Lave la chaya y córtela finita junto con las demás verduras. Revuelva todo, agregue sal al gusto y póngalo a cocer sin agua; si lo desea, puede añadir 2 cucharadas de aceite de oliva.

Con este preparado se rellenan los tamales.

Lave las hojas grandes, ponga en cada una un trozo de masa, extiéndalo en la hoja y añada el relleno; cierre los tamales, siguiendo la forma de la hoja, y amárrelos con hilaza.

Acomódelos en una vaporera y déjelos cocinando durante 50 minutos aproximadamente.

Se sirven con salsa de jitomate y se comen con todo y envoltura.

Nota: si no consigue chaya puede usar espinacas o acelgas.

La chaya es una planta de la familia de las urticarias, del género *Nidoscolus* y de la especie *Chaya mansa*; se encuentra principalmente en el sureste de México.

Los nutrientes que proporciona esta planta son de mucha calidad, tienen un alto contenido de vitamina C y de proteína. Como planta medicinal ayuda a bajar el colesterol y se usa como diurético. Es una planta muy noble que se reproduce por codos. Es muy versátil, pues se usa tanto para guisados como para bebidas de agua fresca.

Para 6 personas

Tamales de amaranto

1/2 kg de masa o harina para tamal
2 a 3 tazas de amaranto reventado
350 gr de mantequilla
3 cucharadas de polvos de hornear
1/2 litro de agua
10 cáscaras de tomate limpias y hervidas en una taza de agua
40 hojas de maíz

Relleno:
1/2 kg de chiles anchos asados y en rajitas
1 cebolla en trocitos
1 manojo de cilantro picado
1 manojo de epazote picado
sal al gusto

Bata la manteca hasta que forme ojos, agregue el royal, la masa o la harina y el amaranto. Siga batiendo y agregue el agua de las cáscaras de tomate y el agua fría. Cuando deje caer un poquito de masa en el agua y flote, significa que ya está lista para los tamales.

Por separado revuelva el jitomate, chile, cebolla, cilantro, epazote y sal al gusto. Unte las hojas de maíz con un poco de masa, rellene con el guisado y se envuelven. Ponga a cocer al vapor por 45 minutos.

Para 6 personas

Guisados con chile

Chiles rellenos con queso

6 chiles poblanos
1/2 kg de queso fresco
4 huevos
sal y pimienta al gusto
1 taza de harina

Caldillo:
1 kg de jitomate
1 cebolla chica
orégano fresco

Ase los chiles, envuélvalos en una servilleta de tela y déjelos sudar; después pélelos y desvénelos con cuidado para que no se rompan, rellénelos y báñelos de harina.

Bata los huevos a punto de turrón para capear los chiles y fríalos.

Para hacer el caldillo, ponga a cocer los jitomates y muela con la cebolla, guíselos y añada el orégano; entonces incorpore los chiles capeados y deje hervir durante 5 minutos.

Sirva junto con el caldillo.

Para 6 personas

Chiles rellenos con queso Roquefort

Tomando como base la receta anterior, sustituya el queso fresco por 300 gramos de queso Roquefort y añada 1 taza de yogurt y 1 cebolla mediana picada en trocitos. Revuelva los 3 ingredientes y con esto rellene los chiles, cierre con un palillo y capee.

Acompañe con salsa de jitomate.

Para 6 personas

Chiles rellenos con verduras

6 chiles morrón rojos
3 zanahorias picadas en cubitos
250 gr de chícharo pelado
3 calabacitas cortadas en cubitos
1 chayote cortado en cubitos
10 ramitas de perejil picado
1/2 cebolla picada finita
250 gr de queso rallado
sal y pimienta negra al gusto

Ase los chiles y envuélvalos en una servilleta para que suden; después pélelos y desvénelos. Las verduras cuézalas al vapor, revuélvalas con la cebolla, el perejil y el queso. Con estos ingredientes rellene los chiles.

Acomódelos en un molde refractario, cúbralos con la crema aderezada con sal y pimienta, y hornee durante 30 minutos.

Para 6 personas

Romeritos con mole o revoltijo

1 kg de romeritos
1/2 kg de papas
100 gr de chile mulato
100 gr de chile ancho
10 almendras
10 tomates
1 cebolla chica
4 dientes de ajo

Limpie y lave los romeritos quitándoles los tallos duros. Corte las papas en cuadritos, desvene los chiles y cuézalos junto con los tomates; después añada las almendras peladas y muela todo.

La cebolla y el ajo píquelos finamente, fríalos en poco aceite y agrégueles el chile molido y colado, después las papas y los romeritos. Añada sal al gusto y agua o caldo de verduras suficiente para el cocimiento, y deje en el fuego hasta que se cuezan las papas.

La comida mexicana tradicional no incluye carne de animales domésticos, ya que ésta se introduce hasta después de la conquista. Por lo tanto, es opcional agregar carne a cualquiera de los platillos aquí presentados. Para mayor información, vea el capítulo sobre alimentación contemporánea.

Para 6 personas

Rajas con papas

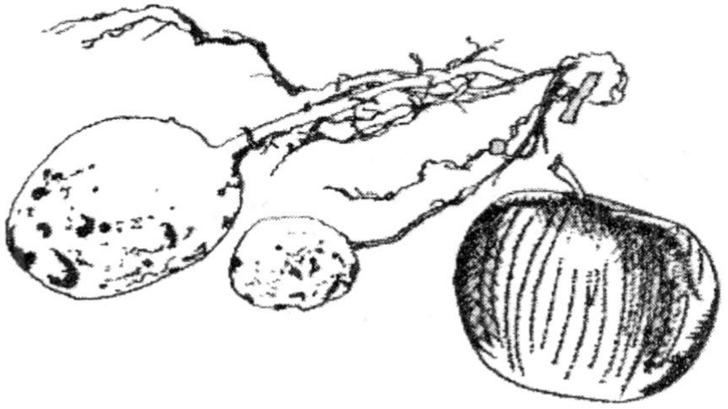

6 chiles poblanos
1 kg de papas
1/2 kg de jitomate
1 cebolla
5 dientes de ajo
5 ramitas de epazote
250 gr de queso Chihuahua
sal al gusto

Ase los chiles y déjelos sudar, pélelos y córtelos en rajitas; los jitomates y la cebolla córtelos en trocitos; el ajo y el epazote píquelos muy finitos, y las papas córtelas en trozos regulares.

Fría las rajas, la cebolla y el ajo; cuando la cebolla se ponga transparente agregue las papas y acitrone durante 5 minutos. Después agregue el jitomate y el epazote, deje en el fuego para que las papas se cuezan al vapor, añadiendo una taza de agua.

Esta misma receta se hace supliendo las papas por elotes.

Para 6 personas

Papas con chile pasilla

1/2 kg de papas
100 gr de chile pasilla
1/2 kg de tomate
1 trozo de cebolla
4 dientes de ajo

Desvene y ponga a cocer los chiles junto con los tomates; después muélalos y páselos por un colador. Corte las papas en trozos medianos, la cebolla y el ajo píquelos finitos, fríalos y ahí agregue el chile y las papas. Deje al fuego hasta que se cuezan.

Se puede usar jitomate en lugar de tomate.

Para 6 personas

Enchiladas (1)

12 tortillas
5 dientes de ajo
2 chiles jalapeños
2 ramitas de cilantro
4 jitomates grandes
1/2 kg de queso Oaxaca deshebrado
1/2 kg de crema
1 lechuga orejona
1 manojo de rábanos

Ase los jitomates y los chiles, muélalos junto con el ajo y cuélelos; después fríalos con el resto de los ingredientes.

Fría levemente las tortillas, báñelas con la salsa, y rellene con el queso. Dóblelas para formar los taquitos. Vierta más salsa por encima y adorne con crema y cebolla picadita.

Acompáñese con hojas de lechuga y rabanitos.

Para 6 personas

Enchiladas (2)

5 chiles anchos
10 tomates verdes
250 gr de queso Chihuahua rallado
20 tortillas
1 taza de crema
350 gr de papa

Desvene los chiles y cuézalos junto con los tomates, luego muélalos y cuélelos; ponga a cocer las papas y hágalas puré, añadiéndoles sal y pimienta al gusto.

Bañe las tortillas con la salsa, rellénelas con el puré de papa y con el queso; dóblelas a la mitad y acomódelas en un refractario engrasado. Báñelas con el resto de la salsa, el queso y la crema. Finalmente hornee para que gratine el queso. ▩

▩ Para 6 personas

Enchiladas con mole

12 tortillas
1 cebolla picada finita
1/2 taza de ajonjolí tostado
1 lechuga orejona
1/2 kg de hongos

Las tortillas calientitas páselas por mole (ver la receta de mole); se rellene con los hongos previamente fritos con cebolla, ajo y epazote; enrolle, agregue más mole, bañe de ajonjolí y cebolla picadita, y sirva con frijoles molidos.

Pueden freírse las tortillas antes de pasarlas por el mole. ▩

▩ Para 6 personas

Enchiladas verdes

1/2 kg de tomates verdes
250 gr de queso fresco
10 ramitas de cilantro
5 dientes de ajo
2 hojas de lechuga
1 taza de pepitas peladas
5 chiles serranos
20 tortillas

Ase los tomates y el chile; muela junto con el cilantro, lechuga y pepitas de calabaza, y cuele. Posteriormente, esta salsa se fríe.

Pase las tortillas calientes por la salsa, rellénelas de queso, enróllelas y añada más salsa. Se sirven acompañadas de guacamole. ▩

▩ Para 6 personas

Birria con setas

1 kg de setas
150 gr de chile guajillo
1/2 kg de jitomate
1 cabeza de ajo
1 cebolla mediana

Desvene los chiles, cuézalos junto con el jitomate, muela, cuele y guíselos. Las setas lavadas córtelas lo largo, fríalas con bastante ajo, cebolla en rodajas y sal al gusto. No revuelva para que no se pierda el sabor de las setas.

Sirva las setas y cúbralas del chile, o bien, sirva en tostadas. ▩

▩ Para 6 personas

Guisados de flores

Tortas de flor de colorín (zompantle tzom-pantli)

1/2 kg de flor de colorín
3 huevos
1/2 kg de jitomate
4 chiles serranos
1 cebolla
4 dientes de ajo

Al limpiar la flor quítele las antenas y el pistilo para que no amarguen. Ponga a cocer los colorines con sal, escúrralos y píquelos; revuelva con las claras de huevo batidas a punto de turrón. Fría la mezcla por cucharadas para formar las tortas.

Con los jitomates, el chile y la cebolla prepare un caldillo, y cuando esté hirviendo incorpore las tortitas.

Tomando en cuenta que el colorín es una leguminosa, al servirlo se acompaña de arroz (ver capítulo sobre alimentación ecológica).

Para 6 personas

Quesadillas de flor de colorín

12 tortillas
1/2 kg de flor de colorín
1/2 kg de jitomate
1 manojo de epazote
1 cebolla
1/2 kg de queso Oaxaca

Lave las flores y quite las antenas y el pistilo para que no amarguen. Pique el jitomate, la cebolla y el epazote, fría todo junto y cuézalo al vapor. El queso se deshebra. En cada tortilla ponga una cucharada de flor y bastante queso; doble y caliente en el comal para que se derrita el queso. Acompañe de salsa.

La flor de colorín se puede usar en los chiles rellenos (ver capítulo de chiles).

Para 6 personas

Huahuzontle tradicional

1 manojo de huahuzontle
1/2 kg de huevo
1/2 kg de queso Oaxaca
1/2 taza de harina

Ponga a cocer los huahuzontles enteros con sal, déjelos escurrir y cuando ya enfríen, póngales un trozo de queso. Doble por la mitad, bañe de harina, meta al huevo batido y fríen.

Sirva con caldillo de jitomate.

Para 6 personas

Crepas de huahuzontle

Pasta:

2 huevos
2 tazas de harina integral
1 pizca de sal
2 tazas de leche

Salsa:

8 chiles poblanos asados, pelados y desvenados
1/2 taza de leche
1 trozo de cebolla
30 gr de mantequilla
aceite

Relleno:

1 manojo de huahuzontles
5 dientes de ajo picados
8 ramas de epazote picado
1 cebolla mediana picadita
chile serrano al gusto

Bata el huevo y vaya incorporando la harina poco a poco, alternando con la leche y el agua hasta que quede una mezcla sin grumos. Deje reposar durante dos horas. Caliente una sartén ligeramente engrasado. Vierta en 3 cucharadas de la mezcla anterior para hacer cada crepa y cueza ambos lados.

Ponga a cocer los huahuzontles con sal, y con un tenedor vaya quitando las florecitas de las ramas. Acitrone la cebolla y el ajo y cuando estén transparentes agregue el epazote y el chile, cortado en trocitos. Deje al fuego durante 5 minutos. Posteriormente agregue el huahuzontle, sazone y deje a fuego lento hasta que se consuma el jugo.

Prepare la salsa licuando los chiles con la leche y la cebolla; después fríalos en la mantequilla y sazone.

Añada a las crepas el preparado anterior, dóblelas y acomódelas en un refractario previamente engrasado. Bañe con la salsa preparada y agregue encima la crema y el queso rallado. Por último, métalas al horno para que gratine el queso.

Para 6 personas

Quesadillas con flor de calabaza y queso

5 manojos de flor de calabaza
10 ramitas de epazote
1 cebolla picada finamente
20 tortillas
1/2 kg de queso Oaxaca

Lave las flores una por una, corte en trozos grandes y se revuelva con la cebolla y el epazote cortado. En cada tortilla agregue una cucharada grande de este preparado y queso; doble y pongan en el comal para que gratine el queso. Sirva acompañadas con salsa.

Para 6 personas

Guisado de flor de calabaza y rajas

5 chiles poblanos
5 manojos de flor de calabaza
1 cebolla grande picada
5 jitomates medianos
5 ramitas de epazote

Ase los chiles, pélelos, desvénelos y córtelos en rajitas; agregue las flores bien lavadas y en trozos a los chiles. El jitomate picado, la cebolla y el epazote guíselos y después se agregue las rajas con las flores. Deje al fuego hasta que se cocine.

Sirva acompañadas de frijoles o en quesadillas.

Para 6 personas

Quesadillas con flor de calabaza

5 manojos de flores
10 ramitas de epazote
5 elotes grandes
5 jitomates
1 cebolla chica en trocitos
25 tortillas

Corte las flores bien lavadas en trozos grandes, desgrane los elotes, corte el jitomate en trocitos y pique el epazote. Guise todos estos ingredientes con 1 taza de agua y sal al gusto.

Agregue a cada tortilla una cucharada del guisado, dóblela y póngala en el comal para que se caliente. Sirva acompañadas con salsa.

Para 6 personas

Crepas con flor de calabaza

20 crepas
Salsa de ajonjolí
2 dientes de ajo
1 taza de ajonjolí tostado
1 manojito de perejil
2 tazas de yogurt
sal al gusto

Use el guisado anterior para rellenar las crepas. Acomode en un refractario, bañe con la salsa de ajonjolí y meta al horno.

Prepare la salsa licuando todos los ingredientes.

Vea la receta de crepas de cuitlacoche para la elaboración de la pasta.

Para 6 personas

Algas

Rollitos de arroz con algas

A las hojas de alga kombu agregue arroz a la mexicana, enrolle y sirva acompañada de salsa al gusto.

Paté con alga espirulina

Cocine 2 tazas de habas crudas y hágalas puré; añada 1 taza de alga espirulina, 1/2 taza de cebolla picadita, 2 dientes de ajo picaditos, 1/2 taza de champiñones en rodajas, 5 tallos de perejil picado, 1 taza de germen de trigo, 2 huevos batidos a punto de turrón, agregue sal al gusto y mezcle todo muy bien. Vacíe la mezcla en un molde previamente engrasado y hornee hasta que tenga consistencia.

Tamales con algas

A la masa para tamales agregue 4 cucharadas de alga en polvo (ver receta en el capítulo del maíz).

Algas al estilo bacalao

1/2 kg de zanahoria
1/2 kg de papas chiquitas
1 col pequeña
1/2 kg de aceitunas
1 manojito de perejil
1 cabeza de ajo
1 taza de chiles güeros en escabeche
1/2 kg de jitomate
1/2 taza de alga espirulina
1 taza de almendras
50 gr de alcaparras
2 cebollas
aceite de oliva
sal al gusto

Las papitas se cuecen con todo y cáscara. La col y la zanahoria se rallan; el jitomate, cebolla, ajo y perejil se pican finitos. Las aceitunas se cortan en rodajas y las almendras se pican. Los chiles desvenados se cortan en rajitas.

La cebolla y el ajo se fríen en bastante aceite, cuando acitronan se agrega la col rallada y las algas, después se añade el jitomate y se deja guisando todo junto por unos minutos. Posteriormente se agrega el chile con un poco del vinagre, la zanahoria, las papas y el perejil, y se deja en el fuego unos minutos. Por último se agregan las aceitunas, alcaparras y almendras, se añade sal al gusto y se deja los últimos minutos al fuego.

Para 6 personas

Salsa mexicana (l)

1/2 kg de jitomate
1 cebolla chica
4 chiles serranos
2 dientes de ajo
4 ramitas de cilantro
sal al gusto

Ase y pele los jitomates lavados, muela junto con la cebolla, el ajo y los chiles. Sazone y adorne con el cilantro picadito.

Salsa ranchera

1/2 kg de tomate
1 cebolla chica
4 chiles serranos
2 dientes de ajo

Ase los tomates, pique los demás ingredientes muy finitos, agregue a los tomates y todo junto se machaca con el prensa puré, con un mortero o con el molcajete. No se debe usar licuadora.

Salsa roja (1)

1/2 kg de jitomate
1 cebolla chica
5 chiles guajillo
4 dientes de ajo
sal al gusto

Los tomates y los chiles se asan. A los chiles se les sacan las semillas y se cuecen, después se muele todo junto y se cuela. Si no se quiere la salsa picosa, se usan chiles que no piquen.

Salsa roja (2)

1/2 kg de jitomate
1 trozo de cebolla
4 chiles serranos
2 dientes de ajo

Ponga a cocer todos los ingredientes en poca agua y muélalos.

Salsa de pasilla

1/2 kg de tomate
1 cebolla chica
5 chiles pasilla
4 dientes de ajo
5 ramitas de cilantro
1 queso fresco
sal al gusto

Los tomates se cuecen, los chiles se asan, se desvenan y se cuecen. Se agrega la cebolla y el ajo, se sazona, se muele todo junto y después se agrega el cilantro picadito y el queso en trozos.

Salsa mexicana

Los mismos ingredientes, en crudo, córtelos en cuadritos y revuélvalos. Puede agregar aguacate.

Salsa verde

1/2 kg de tomates
1 cebolla chica
4 dientes de ajo
4 chiles serranos
5 ramitas de cilantro

Ponga a cocer los tomates y los chiles, después muela con los demás ingredientes.

Puede hacer la misma salsa con los tomates crudos.

Salsa con ajonjolí

4 chiles mulatos
4 jitomates
1 trozo de cebolla
4 dientes de ajo
1/2 taza de ajonjolí limpio y tostado
sal al gusto

Ase los tomates y los chiles, desvene estos últimos y cuézalos, después muélalos junto con la cebolla y el ajo, sazone y agregue el ajonjolí.

Salsa con chile cascabel

1/2 kg de tomates
1/2 kg de chile cascabel
10 dientes de ajo
vinagre al gusto
aceite de oliva al gusto
orégano y sal al gusto

Ponga a cocer los tomates, ase los chiles, desvénelos y póngalos a cocer. Ambos se muelen junto con el ajo, vinagre y orégano. Después agregue la sal y el aceite de oliva.

Salsa con chile chipotle

1 chile chipotle grande
8 tomates verdes
2 dientes de ajo
1/2 cebolla
sal al gusto

Tueste el chile en el comal, desvene y remoje en agua hirviendo. Ponga a cocer los tomates junto con el ajo. Muela todos los ingredientes juntos. Si se desea más picoso, agregue más chiles.

Mole Jesusita

1 cabeza de ajo
2 cebollas grandes
1 cucharadita de pimienta entera
100 gr de chile mulato
100 gr de chile ancho
1 cucharadita de clavo de olor
100 gr de chile pasilla
2 cucharaditas de tomillo
4 chiles chipotle
2 litros de caldo de verdura
1/2 kg de tomate
50 gr de ajonjolí
1 kg de champiñones o setas
50 gr de nuez pelada
1/2 kg jitomate
sal al gusto
50 gr de almendras
5 ramitas de perejil
50 gr de cacahuate
5 ramitas de cilantro
1/2 de tablilla de chocolate
50 gr de semilla de calabaza

Ase los chiles, envuélvalos en una servilleta de tela y déjelos sudar, pélelos, desvénelos y cuézalos. Ase los tomates y jitomates. Muela todo junto y después cuele.

Las almendras, cacahuates, semillas de calabaza y ajonjolí tuéstelas y muélalas en seco.

Las especias también muélalas en seco con molcajete o mortero.

La cebolla y 10 dientes de ajo píquelos muy finitos, después fríalos, agregue el mole y añada el caldo de verduras poco a poco, sin dejar de mover con cuchara de madera.

Las semillas, las especias y el chocolate disuélvalos, uno por uno, en dos tazas de caldo, cuélelos y añada al mole.

Deje el mole en el fuego durante 60 minutos aproximadamente, debe moverse constantemente.

Lave los champiñones y córtelos a lo largo, fríalos con bastante ajo picado y aderece con sal y pimienta al gusto.

Al servir el mole agregue a cada plato una cucharada grande de champiñones y adorne con ajonjolí tostado.

Se recomienda acompañarlo con tortillas recién hechas, arroz a la mexicana, frijoles machacados en seco y cebollitas con limón.

Para 12 personas

Mole verde

1/2 kg de tomate verde
2 ramas de epazote tierno
5 hojas santas frescas
1 ramito de perejil
1 taza de semillas de calabaza pelada
1 rama de mejorana
1 rama de tomillo
2 dientes de ajo
1/2 taza de masa
aceite de oliva
5 chiles serranos o su equivalente en jalapeños

Tueste la semilla de calabaza y muélala junto con todos los demás ingredientes menos la masa, ésta última disuélvala en agua y agregue a los otros ingredientes en la cantidad necesaria para que espese el mole.

Este mole va muy bien para acompañar las tortitas de papa, calabacita o brócoli.

Para 12 personas

Agua fresca de nopal

5 nopales tiernos
1/2 piña
piloncillo al gusto
2 litros de agua para tomar

Muela los nopales en 2 vasos de agua y cuélelos.

Muela la piña, mézclelas con el nopal, el resto del agua y endulce. Agregue hielo al gusto. La piña se puede suplir con jugo de limón o de naranja.

Algas con jugo de naranja

Si se van a consumir en polvo, se disuelva en 1/2 de vaso con jugo de naranja o agua de limón; posteriormente se toma un vaso con jugo o agua.

Tepache

La cáscara de una piña
2 clavos enteros
2 pimientas gordas
4 rajas de canela
1 cono de piloncillo

Ponga en una olla de barro 10 tazas de agua, los clavos, la pimienta, la canela, el piloncillo y la cáscara de piña bien lavada.

Tape la olla y deje fermentar durante 2 días. Cuele y sírvalo frío.

Ponche de posadas navideñas

1/2 kg de tejocotes
1/2 kg de guayabas
1/2 kg de cañas
100 gr de jamaica
1 kg de piloncillo
1/2 kg de pasitas

Hierva los tejocotes durante 5 minutos, pélelos y córtelos en gajitos quitándoles las semillas. Remoje las pasitas y sin agua, agréguelas a los tejocotes. El resto de la fruta córtela en trocitos. Hierva la jamaica en medio litro de agua.

Ponga a hervir en una olla 2 litros de agua con el piloncillo, después agregue la fruta y el agua de jamaica. Sírvalo caliente.

Postres, tamales dulces y atoles

Tamalitos de tamarindo

1 kg de tamarindos
1/2 kg de piloncillo
hojas de maíz secas

Pele los tamarindos, quite la semilla y ponga a cocer a fuego lento junto con el piloncillo, sin agua, pues el líquido que suelta el piloncillo es suficiente para que se cuezan los tamarindos. Deje en el fuego hasta que se consuma el líquido, moviendo con cuchara de madera para que no se peguen.

Corte las hojas de maíz de 10 cm por 10 cm aproximadamente.

Cuando la pulpa aún está tibia agregue una cucharada sopera a cada hoja de maíz, amarre con tiritas de la misma hoja y deje enfriar.

Los tamalitos se pueden hacer también de tejocote, arrayán, membrillo y guayaba.

Mermelada Paty

1 kg de fresas en temporada
1/2 kg de piloncillo

Lave las fresas y ponga a cocer a fuego lento junto con 1 cono de piloncillo (no es necesario agregar agua), mueva constantemente con cuchara de madera hasta que se consuma el líquido. Agregue el piloncillo al gusto.

Esta misma receta se puede hacer con cualquier fruta: zarzamora, guayaba, tejocote, arrayán, piña, etcétera.

Si quiere guardar la mermelada, hágalo en frascos de vidrio previamente hervidos y ciérrelos al vacío, es decir, vierta la mermelada caliente, tape sin cerrar completamente, deje enfriar el frasco y después cierre bien. Se recomienda guardar los frascos en un lugar seco, fresco y que no le dé el sol directamente.

Pepitorias

1 kg de semilla de calabaza pelada
1/2 kg de piloncillo

Ponga al fuego 2 conos de piloncillo con agua, la cantidad de agua es la suficiente para tapar el piloncillo acostado; deje en el fuego por espacio de 20 minutos o más, hasta que logre una miel consistente. Para saber cuándo está en su punto, deje caer miel en un recipiente con agua y si podemos hacer una bolita adentro, la miel está lista.

Tueste las semillas, báñelas con la miel y revuelva muy bien con 2 cucharas. Antes de enfriarse se les da forma a las pepitorias, que puede ser en bolas o bien, con un marco de madera y una regla para después cortarlas.

También se pueden hacer con nuez, ajonjolí o semilla de girasol.

Limones con coco

12 limones verdes grandes
1/2 kg de coco rallado
1/2 kg de piloncillo

Ponga al fuego 2 conos de piloncillo con agua, la cantidad de agua es la suficiente para tapar el piloncillo acostado; deje en el fuego por espacio de 20 minutos o más, hasta que se logre una miel consistente.

Para saber cuándo está en su punto, deje caer miel en un recipiente con agua y si podemos hacer una bolita adentro, la miel está lista.

Parta los limones a la mitad, sáqueles el jugo y deje hervir en la miel durante 5 minutos, después sáquelos y rellénelos con el coco.

Dulce de calabaza

1 calabaza grande añeja
1/2 kg de piloncillo
1 raja de canela
1 trocito de tequesquite

Primero ponga a cocer la calabaza con el tequesquite. Cuando ya esté blanda cámbiela a otro recipiente donde se continuará cocinando con el piloncillo y la canela. Debe agregársele muy poca agua.

Sírvala acompañada de atole blanco.

Camote horneado

1 kg de camote
1/2 kg de piloncillo

Haga miel el piloncillo (vea receta de pepitoria), bañe el camote con esta miel y meta al horno durante 35 minutos aproximadamente, a 250 °C.

Mermelada de nopal

15 nopales tiernos
piloncillo al gusto
5 limones

Los nopales crudos muélalos y póngalos a cocer sin agua junto con el piloncillo entero. Cuando ya se haya deshecho el piloncillo, agregue el jugo de los limones y deje al fuego hasta que se consuma el líquido, moviendo constantemente con cuchara de madera.

Panqué

1 1/2 taza de harina integral
1 1/2 taza de amaranto reventado
4 a 6 huevos
8 cucharadas de azúcar morena
1/2 litro de leche o jugo de naranja
1 cucharadita de sal
4 cucharaditas de polvo de hornear
200 gr de mantequilla

Acreme la mantequilla con el azúcar, agregue poco a poco la harina y el amaranto, el polvo de hornear y la sal. Incorpore, también poco a poco, la leche o jugo, así como las yemas. Vacíe la pasta en moldes previamente engrasados y meta al horno a 250 °C, durante 35 minutos.

Alegría

2 kg de amaranto
2 kg de piloncillo
6 limones
25 gr de canela en raja

Superalegría

Además de los ingredientes anteriores, agregar:

500 gr de nuez pelada
500 gr de pasitas
500 gr de cacahuate pelado
500 gr de miel de abeja

Nota: El volumen aumentará en dos tercios.

Ponga a derretir el piloncillo en medio litro de agua; cuando está diluido, agregue el jugo de los limones y la canela. Para la "superalegría" agregue la miel de abeja. El punto del melado se prueba depositando en un plato con agua una cucharadita de éste, si al tomarlo con los dedos se puede formar una bolita, quiere decir que está listo para usarse.

Antes de que se enfríe totalmente el melado, revuelva en una tina con el amaranto inflado o reventado. En el caso de la "superalegría", añada los demás ingredientes. Haga una gran bola y depósitela en un marco de madera de 100 por 60 cm y una pulgada de espesor.

Extienda con rodillo o regla y forme un cuadro, con un espesor promedio de 2 cm. Finalmente corte con regla y espátula en pequeños cuadros, y deje enfriar.

Hot-cakes de amaranto

1 taza de harina integral
1/2 taza de amaranto
1 taza de leche
l huevo
1 cucharada de polvo de hornear
aceite
una pizca de sal

En un recipiente se ponga harina y amaranto, incorpore la leche y revuelva; después añada el huevo, el polvo de hornear y la sal, revolviendo siempre.

En una sartén caliente con gotitas de aceite extendido agregue la pasta por cucharadas, dejando cocinar cada porción de los dos lados.

Sirva con mantequilla y miel de abeja o piloncillo.

Tortillas con amaranto

A la masa de maíz se le agregar el amaranto reventado y remojado o bien, harina de amaranto.

Por cada 2 tazas de masa se agrega 1 de amaranto reventado o media taza de harina.

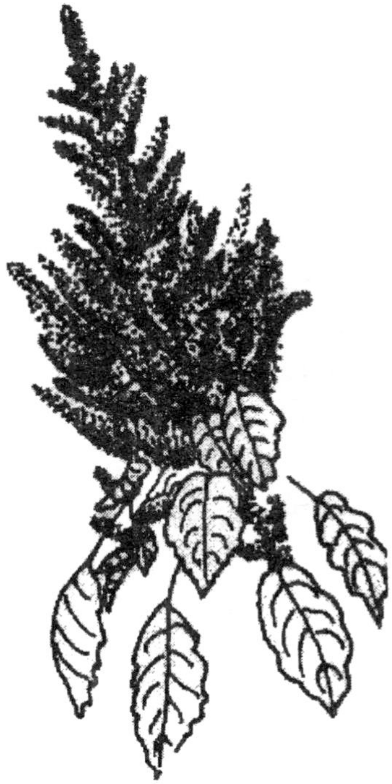

Pan de amaranto

1/2 taza de harina de amaranto
1/2 taza de harina de arroz
1/4 de taza de aceite
1 taza de azúcar morena
ralladura de 2 naranjas
3 huevos
3 cucharadas de polvo de hornear
leche

Amase perfectamente los ingredientes y las claras bátalas a punto de turrón. Vacíe la pasta en moldes engrasados y hornee a 250 °C, durante 30 minutos aproximadamente.

Galletas de amaranto

2 tazas de harina integral
1 taza de amaranto reventado
100 gr de mantequilla o aceite
1 1/2 cucharadita de polvo de hornear
3 cucharadas de azúcar morena
1/2 taza de agua
1/2 taza de ajonjolí

Mezcle la harina y el amaranto con la mantequilla; después agregue el agua, azúcar y polvo de hornear. Continúe mezclando hasta formar una pasta que se extiende con el rodillo para que quede de 3 mm de espesor. Forme las galletas, adorne con el ajonjolí y acomódelas en una charola engrasada.

Meta las galletas al horno durante 35 minutos aproximadamente a una temperatura de 175 °C.

Tamales de elote

12 elotes tiernos
250 gr de mantequilla blanda
sal al gusto
hojas tiernas de elote

Desgrane los elotes y muélalos sin agua. Añada la mantequilla amasando hasta incorporar todo perfectamente y agregue sal al gusto.

Unte las hojas tiernas con la preparación, envuélvala muy bien y amarre con tiras de las mismas hojas. Acomode los tamales en una vaporera para que se cocinen durante 40 minutos.

Nota: para hacer tamales dulces sustituya la sal por piloncillo.

Tamales de dulce

1 kg de masa para tamal
350 gr de mantequilla
250 gr de piloncillo
1 manojo de hojas de maíz

Ponga el piloncillo a hervir en un cuarto de taza de agua. Mezcle la mantequilla con la masa y amase, agregando poco a poco el piloncillo; continúe amasando hasta lograr que la masa haga ojitos en el fondo del recipiente.

Agregue una cucharada de la masa a la hoja de maíz (previamente remojadas y escurridas), cierre muy bien y amarre con tiritas de la misma hoja. Acomode en una vaporera y ponga a cocer a baño María por una hora aproximadamente.

Nota: con esta receta puede rellenar los tamales con distintas frutas.

Tamales dulces

Seguir instrucciones de la receta anterior, sustituyendo el relleno por:

1/2 kg de fresas
1 taza de piloncillo
100 gr de pasitas remojadas en agua caliente
2 cucharadas de canela en polvo o vainilla

Haga lo mismo que en la receta anterior. Después de agregar el amaranto, añada las fresas molidas con el azúcar, las pasitas, canela y vainilla.

Continúe batiendo hasta que esté lista la masa y unte las hojas.

Ponga a cocer durante 45 minutos.

Tamales de fruta (1)

1 kg de masa para tamal dulce
1/2 kg de fruta de la temporada
1/2 kg de piloncillo
canela y vainilla al gusto
1 manojo de hojas de maíz

Lave la fruta, hágala puré y póngala a hervir sin agua con el piloncillo y la canela, moviendo constantemente. Cuando se deshaga el piloncillo, agregue la vainilla, apague el fuego y deje enfriar la pasta. Por último, ponga una cucharada de relleno a la masa para tamal dulce.

Tamales de fruta (2)

1 kg de masa para tamal dulce
100 gr de fresa
100 gr de guayaba
100 gr de durazno
100 gr de pasitas
100 gr de tejocote
1/2 kg de piloncillo
100 gr de jengibre
4 clavos de olor
canela y vainilla al gusto
1 manojo de hojas de maíz

Hierva los tejocotes durante 5 minutos para poder quitarles la cáscara, córtelos en trocitos, quite las semillas y póngalos a cocer. Remoje las pasitas en agua fría durante 2 horas y tire después el agua. Corte el jengibre en trocitos. Lave las demás frutas y córtelas en trocitos. Finalmente, revuelva todo junto con la canela, vainilla y clavos.

Con esta mezcla se rellenan los tamales dulces. El piloncillo se agrega como melaza en el procedimiento de la masa.
Se recomienda servirlos acompañados de atole.

Nota: puede usar frutas secas para el relleno.

Tamales rojos de dulce

1 kg de masa para tamal dulce
1 kg de fresas
100 gr de jamaica
1 kg de piloncillo
canela al gusto
100 gr de pasitas
1 manojo de hojas de maíz

Prepare la receta de los tamales dulces. Ponga la jamaica a hervir en una taza de agua (que se usará para batir la masa y se colará previamente). Lave las fresas, hágalas puré y póngalas a hervir junto con el piloncillo y la canela. Ya que esté desbaratado el piloncillo no debe usar agua y es necesario retirar la canela.

Incorpore la pasta a la masa que está batiendo. Las pasitas, previamente remojadas, cuélelas y agréguelas a la masa.

Ponga la preparación en las hojas de tamal y amárrelas con tiras de las mismas hojas, después acomódelas en la vaporera para que se cocinen durante 60 minutos.

Se recomienda servirlos acompañados de atole.

Atole de amaranto reventado

2 tazas de amaranto
1 1/2 litros de agua
piloncillo y canela al gusto

Remoje el amaranto durante 20 minutos y después muélalo. Caliente la leche con el piloncillo y la canela. Al hervir, agregue el amaranto y deje al fuego de 10 a 15 minutos.

Atole de harina de amaranto

1 litro de agua o leche
4 cucharadas de azúcar morena o piloncillo
4 cucharadas de harina de amaranto
canela al gusto

Caliente la leche con el piloncillo o azúcar morena y la canela. Deshaga la harina en el agua fría, agregue a la leche cuando empiece a hervir y revuelva.

Se deja al fuego de 10 a 15 minutos.

Atole blanco

1/4 kg de masa
1 rajita de canela
2 litros de agua

Disuelva la masa en medio litro de agua y ponga el resto del agua a calentar con la canela. Cuando empiece a hervir, agregue la masa disuelta, colándola con un cedazo o colador de tela.

Déjela a fuego medio durante 15 minutos y muévala constantemente con cuchara de madera.

Atole dulce

1/4 kg de masa
1 rajita de canela
2 litros de agua
150 gr de piloncillo

Siga el mismo procedimiento de la receta anterior. Agregue el piloncillo al agua junto con la canela.

Atole con leche

1/4 kg de masa
1 rajita de canela
150 gr de piloncillo
1/4 litro de agua
1 1/4 litros de leche

Disuelva la masa en medio litro de agua y ponga la leche a calentar con la canela y el piloncillo. Cuando empiece a hervir, agregue la masa disuelta, colándola por cedazo o colador de tela.

Déjela a fuego medio durante 15 minutos y muévala constantemente con cuchara de madera.

Atole con fruta

1/2 kg de masa
1 rajita de canela
1 1/2 litros de agua
150 gr de piloncillo
1/2 kg de fruta (puede ser fresa, guayaba, tamarindo, ciruela amarilla, ciruela pasa, durazno, etcétera)

Disuelva la masa en medio litro de agua y ponga el resto del agua a calentar con la canela y el piloncillo. Cuando empiece a hervir, agregue la masa disuelta, colándola por cedazo o colador de tela. Haga un puré con la fruta lavada y agréguelo después de la masa.

Déjelo a fuego medio durante 15 minutos y muévalo constantemente con cuchara de madera.

Nota: no se recomienda hacer este atole con leche porque se corta.

Atole con ajonjolí

1/2 kg de masa
1 rajita de canela
2 cucharadas soperas de vainilla
100 gr de ajonjolí
2 litros de agua
150 gr de piloncillo

Disuelva la masa en medio litro de agua y ponga el resto del agua a calentar con la canela y el piloncillo. Cuando empiece a hervir, agregue la masa disuelta, colándola por cedazo o colador de tela. Tueste y muela el ajonjolí limpio y agréguelo a la masa junto con la vainilla.

Déjelo a fuego medio durante 15 minutos y muévalo constantemente con cuchara de madera.

Champurrado

1/2 kg de masa
1 rajita de canela
15 gr de cocoa
1/2 litro de agua
1 1/2 litros de leche
150 gr de piloncillo

Disuelva la masa en medio litro de agua. Ponga a calentar la leche con la canela y el piloncillo. Cuando empiece a hervir agregue la masa disuelta, colándola por cedazo o colador de tela. Al final incorpore la cocoa previamente disuelta.

Déjela a fuego medio durante 15 minutos y muévala constantemente con cuchara de madera.

Atole de pinole

2 tazas de pinole sin endulzar
150 gr de piloncillo
1 rajita de canela
2 litros de agua

Disuelva el pinole en una taza de agua, viértalo sobre el agua hirviendo e incorpore el piloncillo y la canela.

Déjelo en el fuego durante 20 minutos, moviendo constantemente con cuchara de madera.

Si lo desea, puede agregarle fruta.

Tejuino

1/2 kg de masa
200 gr de piloncillo
2 litros de agua
sal al gusto
limones al gusto
nieve de limón o hielo

Disuelva la masa en medio litro de agua y cuélela por un cedazo. Agregue el resto del agua e incorpore el piloncillo.

Déjela por 2 o 3 días en una olla de barro tapada con un lienzo de manta de cielo; muévala con cuchara de madera 3 o 4 veces al día.

Cómo prepararlo antes de servir: Agregue en un vaso una puntita de cuchara de sal, el jugo de un limón y el tejuino; revuélvalos muy bien y por último, agregue una bola de nieve de limón o hielo.

Recetario de alimentación contemporánea

Soya

El frijol de soya es una leguminosa muy rica en proteínas cuya UNP (Unidad Neta de Proteína) es muy alta, igualando a la de la carne, con la ventaja de que no contiene purinas ni elevados índices de colesterol. Además, la leche de soya es recomendada para las personas alérgicas a la leche de vaca.

Leche de soya y okara

4 tazas de frijoles de soya
agua
manta de cielo

Ponga a remojar el frijol de soya, limpio y lavado, en bastante agua, ya que el frijol crece al doble. En clima frío y templado se remoja durante 8 horas, en clima caliente, sólo 4 horas. Posteriormente se muele en molino.

Disuelva una taza de frijol molido en 3 tazas de agua, revuelva con cuchara de madera durante 10 minutos y después cuélelo por una manta de cielo. Así obtiene la leche de soya.

Por último, ponga la leche al fuego durante 20 minutos a partir del primer hervor.

La masita que queda es el okara. Póngalo en un recipiente, cúbralo de agua y déjelo a fuego lento hasta que se consuma el agua. Con el okara se preparan infinidad de platillos, puede agregarlo a la masa para pastel, para tamales, puede rellenar chiles, etcétera.

Horchata de soya

leche de soya
melaza de piloncillo y canela molida al gusto

Deje enfriar la leche de soya, endúlcela con melaza de piloncillo, agregue canela molida y hielo.

Atole con leche de soya

4 cucharadas de harina de trigo integral tostada
4 cucharadas de piloncillo rayado
3 tazas de leche de soya
1 taza de agua
canela al gusto

Disuelva la harina en el agua. Ponga a calentar la leche de soya con el piloncillo y la canela; cuando empiece a hervir agregue la harina disuelta y revuelva. Deje en el fuego 10 minutos para que hierva, meneando constantemente.

Okara a la mexicana*

3 tazas de okara
1/2 kg de jitomate
1 cebolla
1 ramito de cilantro
3 a 5 chiles serranos
aceite

Fría la cebolla cortada en cuadritos con una cucharada de aceite; agregue el okara y las demás verduras picadas finamente.

Deje a fuego lento hasta que se cocine muy bien el jitomate, revolviendo constantemente.

* Vea la receta de leche de soya en la página 161.

*Picadillo de okara**

3 tazas de okara
1/2 kg de tomate de cáscara
1 cebolla
2 jitomates medianos
4 chiles guajillo
aceite
sal al gusto

Corte en cuadritos los tomates pelados y lavados, pique la cebolla finamente y fríalos con poco aceite. Cuando la cebolla esté transparente agregue el okara y deje al fuego durante 5 minutos.

Aparte, ponga a cocer los chiles lavados y sin semilla junto con los jitomates; después los muele, los cuela y los agrega al okara. Añada sal al gusto y cocínelo 10 minutos a fuego lento.

* Vea la receta de leche de soya en la página 161.

*Tamales de okara**

4 tazas de okara ya cocido y seco
15 dientes de ajo
100 gr de chile mulato
1 cebolla
pimienta
clavo
hojas de laurel
aceite

Fría el okara con poco aceite junto con la cebolla y el ajo picados finamente.

Aparte, lave y desvene los chiles, póngalos a cocer; después muélalos, cuélelos, agregue los condimentos e incorpórelos al okara. Revuelva bien y deje al fuego durante 10 minutos.

Este relleno se incorpora a las hojas de tamal untadas con la masa para tamal (ver elaboración de tamales en recetas de maíz).

*Flan de okara**

2 tazas de okara
2 huevos
1/2 taza de melaza de piloncillo
1/2 taza de leche
vainilla al gusto

Mezcle muy bien todos los ingredientes y póngalos en un molde a baño María. Puede ponerle caramelo de piloncillo al molde para que quede más sabroso.

* Vea la receta de leche de soya en la página 161.

Elaboración de tofu o queso de soya

2 litros de leche de soya
Vinagre
bolsa de manta de cielo

Caliente la leche de soya sin que llegue a hervir.

Agregue vinagre, lentamente, hasta que se corte la leche y déjela reposar unos minutos.

Posteriormente vacíe la cuajada a una funda de manta de cielo y déjela escurrir durante una hora. Acomódela en un canasto, o en varios, dejándole la funda. Ponga una pesa para que ayude a exprimir.

Después de 6 horas saque el tofu y manténgalo cubierto de agua y en refrigeración. Cambie el agua todos los días.

El tofu se agrega a las ensaladas, sandwiches, guisados, quesadillas, tamales, etcétera, de la misma forma que el queso de leche de vaca.

Ensaladas y germinados

Germinado de alfalfa

2 cucharadas soperas de semilla de alfalfa
1 frasco de vidrio de abertura ancha, para un litro
50 cm de manta de cielo para tapar el frasco y una liga para sostenerla

Ponga a remojar las semillas limpias en el frasco, cubiertas de agua, 8 horas aproximadamente. Después tire el agua y enjuáguelas 2 o 3 veces al día para mantenerlas húmedas, dejando siempre el frasco hacia abajo para que se escurra el agua. Tardan en germinar de 4 a 6 días, y alcanzan de 3 a 5 veces el largo de la semilla.

Hay que conservar el frasco en un lugar obscuro. También se puede usar un colador de plástico, cubriéndolo por encima con la manta mojada.

Los germinados pueden ser de cereales como trigo; de leguminosas como lentejas, frijol mungo o de soya; de algunas semillas de hortaliza como alfalfa, cilantro, etcétera.

Los germinados se pueden consumir en ensaladas, en sandwich, agregándolos en el último hervor de la sopa y como la imaginación se lo permita.

Cómo germinar el grano de trigo

Primer paso:
Remoje el trigo de 8 a 12 horas (durante toda la noche), poniéndole suficiente agua hasta taparlo y aun más, porque el grano absorbe mucha agua.

Segundo paso:
Ponga el trigo a escurrir en un colador de plástico, tirándole el agua y poniéndolo en un lugar aireado. Manténgalo húmedo hasta que empiecen los brotes.

Tercer paso:
Cocínelo durante 15 minutos.

Cuarto paso:
Escurra el agua y déjelo enfriar.

Posteriormente muélalo en molino.

A partir de este paso puede hacer infinidad de recetas a base de trigo.

Ensalada de apio (1)

1/2 lechuga
5 ramas de apio
4 jitomates
1 manojo de rabanitos
1 aguacate
1/2 taza de aceite de oliva
sal al gusto

Lave la lechuga en el chorro del agua, córtela en trozos y desparasítela. Corte el apio y los rábanos en tiras, el jitomate en gajos y revuelva todo.

Para hacer el aderezo de aguacate, licue el aguacate con el aceite. Puede agregar un chorrito de vinagre.

Ensalada de apio (2)

5 ramas de apio
1/2 lechuga
2 aguacates
1 manojo de cebollitas de cambray
1 pimiento morrón rojo
1/2 kg de zanahorias
2 pepinos
1 taza de yogurt
4 dientes de ajo

Ralle las zanahorias, corte el apio en tiras, la lechuga en trozos, las demás verduras en cuadros y ase las cebollitas.

Para hacer el aderezo, licue el yogurt con el ajo.

Ensalada de betabel

2 betabeles grandes
1 cebolla en rodajas
1 manojo de perejil
2 aguacates en gajos
1/2 de taza de ajonjolí
3 limones
aceite
jugo de limón
sal al gusto

Ponga a cocer los betabeles y córtelos en rodajas. Revuélvalos con la cebolla y el aguacate, agregue el perejil picado y el ajonjolí recién tostado.

Para hacer el aderezo, licue el jugo de limón con el aceite y la sal.

Aderece la ensalada desde la víspera para que las verduras se impregnen.

Aderezo para untar

2 berenjenas
1 litro de yogurt
1/2 taza de ajonjolí
1/2 kg de queso o tofu al gusto

Ase las berenjenas, pélelas y córtelas en cuadritos. Licue el yogurt junto con el ajonjolí y el queso. Revuelva todo. Úntelo en pan árabe.

Aderezo tradicional

1/2 taza de aceite de oliva
2 o 3 limones
3 dientes de ajo
1 cucharada de perejil picado
2 cucharadas de salsa de soya
sal al gusto

Mezcle todos los ingredientes con un tenedor. El aderezo se debe agregar a la ensalada en forma individual.

Aderezo de trigo germinado

1/2 taza de trigo
3 ramas de hierbabuena
3 ramas de perejil
1 cebolla chica
1 jitomate
pimienta y sal al gusto

Se utiliza el trigo en el segundo paso. Lícuelo con todos los ingredientes.

Si utiliza el trigo en el tercer paso puede preparar una gran variedad de platillos como albóndigas, hamburguesas, chorizo y picadillo, agregándole a cada platillo los aderezos tradicionales.

Gomasio

1 taza de ajonjolí tostado
una pizca de sal

Muela el ajonjolí junto con la sal. Úselo para acompañar las ensaladas y en general, en lugar de sal de mesa. Y

Ensalada de berros

2 zanahorias grandes en tiras
1 cebolla en rodajas
1 manojo de espinacas
1 manojo de berros
1/2 taza de semillas de girasol
6 dientes de ajo
1/2 taza con aceite de oliva

Lave muy bien los berros y las espinacas. Córtelos en trozos y póngalos a desparasitar. Posteriormente junte toda la verdura, agregue las semillas de girasol tostadas y aderécelas.

Para hacer el aderezo, sólo licue los ajos, el aceite, la sal y el jugo de limón.

Ensalada con germinado de alfalfa

1 taza de germinados de alfalfa
1/2 kg de champiñones crudos
1/2 lechuga
1 pimiento morrón verde
4 jitomates
aceite de oliva y limón para aderezar

Corte los champiñones a lo largo y la lechuga en trozos; desparasítela (ver el procedimiento al final de esta sección).

Corte en tiritas el pimiento morrón y en gajos los jitomates. Después agregue los germinados y revuelva todo. Esta ensalada se adereza individualmente.

Ensalada con germinado de soya (1)

1/2 kg de germinado de soya
2 varitas de apio
2 jitomates grandes
1 aguacate grande
2 zanahorias
1/2 taza de aceite de oliva
2 dientes de ajo
orégano al gusto

Lave la verdura, pele el jitomate y junto con el aguacate córtelo en gajitos. Corte el apio al gusto, ralle las zanahorias y revuelva todo junto con los germinados.

Para hacer el aderezo, licue el aceite con el ajo y la sal, y agréguelo a la ensalada. Revuelva muy bien y espolvoree por encima el orégano.

Ensalada con germinado de soya (2)

1/2 kg de germinado de soya
1/2 lechuga
2 pepinos
1 pimiento morrón rojo
1/2 taza de yogurt
1 varita de apio

Lave muy bien la verdura, corte y desparasite la lechuga y después escúrrala; pele los pepinos y córtelos en tiritas; el pimiento se corta en rodajas finas. Revuelva todo.

Licue el yogurt con el apio, sal y pimienta al gusto, y deje aparte para que cada quien lo agregue a su gusto.

Ensalada de fruta con yogurt

2 manzanas
1 plátano
1 mango
1/2 litro de yogurt
miel al gusto
1/2 taza de granola

Pele la fruta y córtela en trocitos. Agregue el yogurt y aderece con la miel. Al servirla agregue la granola por encima.

Ensalada flor

2 manzanas
2 plátanos
2 dátiles
4 nueces en mitades
1/2 taza de amaranto

Ralle las manzanas y rellene moldes individuales para postre.

Vacíelos sobre un plato y adórnelos con el plátano en rodajas, gajitos de dátil y las nueces. Finalmente agregue por encima el amaranto.

Acompáñela con jugo de naranja.

Ensalada de frutas tropicales

250 gr de piña
4 naranjas
2 mangos petacones
miel al gusto

Pique la fruta en trocitos, revuélvala y agregue miel al gusto.

Le puede agregar granola o alguna fruta seca.

Fruta con pasitas

250 gr de papaya
2 naranjas
2 manzanas
pasitas y miel al gusto

Corte la fruta en trocitos, agréguele miel y pasitas remojadas (tire el agua del remojo).

Ensalada con melón

250 gr de cada una de las siguientes frutas:
melón, sandía y jugo de naranja

Haga bolitas con la fruta y aderécela con el jugo de naranja. Si lo desea, añada miel.

Ensalada divina

250 gr de cada una de las siguientes frutas:
pera, plátano, uva, fresa, guayaba, guanábana y naranja

Corte toda la fruta (menos las fresas) en trocitos y mézclela. Adórnela con las fresas partidas en mitades.

Ensalada suculenta

250 gr de las siguientes frutas:
pera, plátano, mango, dátil, fresa y el jugo de 2 naranjas

Corte toda la fruta (menos las fresas) en trocitos y mézclela. Licue las fresas con el jugo de naranja y aderece la fruta con este licuado.

Arroz integral a la mexicana

1 1/2 taza de arroz integral
1/2 cebolla
2 zanahorias en cuadritos
1/2 taza de chícharos pelados
4 jitomates
1 litro de agua caliente
sal al gusto

Lave el arroz y déjelo escurrir, después tuéstelo en una sartén (sin grasa); cuando esté dorado agregue las verduras picaditas.

Licue el jitomate pelado y la cebolla sin agua e incorpórelos al arroz. Agregue el agua caliente y sal al gusto.

No lo mueva hasta el momento de servir.

Para 4 personas

Ajonjolí con arroz

Vea la receta de arroz en esta página o en la siguiente y sólo cambie media taza de arroz por media taza de ajonjolí tostado.

Sopa de avena

1 taza de avena
1/2 cebolla
1/2 kg jitomates
cilantro al gusto
sal al gusto

Tueste la avena a fuego lento y sin grasa.

Licue los jitomates pelados junto con la cebolla y añádalos a la avena; también agregue el cilantro lavado y sal al gusto.

Déjela al fuego durante 10 minutos.

Para 4 personas

Arroz integral

1 1/2 taza de arroz integral
1/2 cebolla
2 dientes de ajo
sal al gusto
Aceite de oliva

Lave muy bien el arroz y póngalo a cocer en litro y medio de agua. Agregue un chorrito de aceite de oliva, la mitad de la cebolla, el ajo y la sal.

Deje en el fuego sin moverse hasta que se consuma el agua.

Para 4 personas

Sopa de lentejas germinadas

2 tazas de lentejas germinadas
2 jitomates
1 diente de ajo
1 zanahoria
1/2 cebolla

Pique el jitomate, la cebolla y el ajo muy finitos. Corte la zanahoria en cuadritos, guísela y agréguela a las lentejas cuando ya estén cocidas.

Las lentejas se ponen a cocinar aparte en 1 litro de agua.

Las lentejas germinadas también se pueden agregar crudas a la ensalada. ▩

▩ Para 4 personas

Sopa de verdura con algas

A la sopa de verduras agregue, en el último hervor, hojas de alga kombu cortadas en trozos. ▩

▩ Para 4 personas

Sopa de verduras

1/2 kg de ejotes
1 calabacita
1 zanahoria grande
1 chayote
2 dientes de ajo
1/2 cebolla
perejil o cilantro al gusto
1 taza de amaranto

Lave las verduras y córtelas en cuadritos. Póngalas a acitronar en poca mantequilla, meneando constantemente. Agregue agua caliente y sal.

Cocine las verduras al dente (que no se desbaraten), añada el amaranto y apague el fuego. Tápelas durante 10 minutos y después sírvalas. ▩

▩ Para 4 personas

Crema de calabacitas

1/2 kg de calabacitas
1/2 de cebolla picada
yogurt al gusto
1 cucharada sopera de mantequilla
1 cucharada grande de germen
de trigo
sal al gusto

Lave las calabacitas y póngalas a cocinar, sin que se cuezan demasiado. Muélalas con la misma agua de cocimiento. Derrita la mantequilla a fuego lento, agregue la cebolla a que acitrone, y añada el licuado y sal al gusto. Apague el fuego y agregue el germen y el yogurt.

De esta misma forma puede hacer cremas con cualquier verdura o leguminosa como frijol o lenteja; en lugar de germen puede agregar amaranto, avena, etcétera.

Para 4 personas

Sopa de papa y poro

1/2 kg de papa
1 poro grande
2 ramas de perejil
1 cucharada grande de germen
de trigo
1 cucharada sopera de mantequilla
sal al gusto

Corte en cuadros las papas bien lavadas, corte el poro en rodajas y acitrone con una cucharada de mantequilla. Después agregue las papas, agua suficiente, el perejil lavado y sal al gusto.

Cuando las papas estén al dente, apague el fuego y agregue el germen de trigo o cualquier otra hojuela para enriquecer la sopa.

Para 4 personas

Pasta italiana

2 paquetes de espaguetti
4 jitomates grandes
1 pimiento verde
1 cebolla
4 ramitas de perejil
2 hojas de laurel
2 ramitas de albahaca fresca
aceite de oliva
sal y pimienta negra al gusto

Pele el jitomate y córtelo en trocitos, la cebolla en rodajas finas y en poco aceite de oliva acitrone la cebolla, el pimiento y el laurel. Después añada el jitomate, la albahaca, el orégano, la sal y la pimienta al gusto.

Revuelva todo, tape y deje a fuego lento durante 20 minutos, revolviendo de vez en cuando; en el último hervor agregue el perejil picado.

Ponga a cocer la pasta hasta que esté al dente. Escúrrala y sin dejar que se enfríe agregue la salsa. Sírvala inmediatamente.

Salsa al pesto

2 dientes de ajo
4 ramitas de perejil
75 gr de piñones
3 cucharadas de aceite de oliva
2 ramitas de albahaca fresca
1 pizca de pimienta negra
150 gr de queso parmesano rallado

Corte todos los ingredientes en trocitos y mézclelos con el aceite de oliva (puede ser con un mortero o en la licuadora). Agregue la pimienta.

Ponga a cocer la pasta hasta que esté al dente, escúrrala y antes de que se enfríe agregue la salsa. Revuelva y sirva inmediatamente.

El queso parmesano se espolvorea al gusto.

Para 6 personas

Albóndigas de arroz

130 gr de arroz integral cocido y seco
50 gr de ajonjolí
1/2 taza de leche
2 huevos
2 cucharadas de harina integral
2 chiles chipotle
5 dientes de ajo
1/2 kg de tomates verdes
1 cebolla

Tueste el ajonjolí. Agregue las yemas de los huevos a la leche y revuelva; añada sal y pimienta al gusto. Agregue todo esto al arroz, mezclándolo muy bien.

Bata las claras a punto de turrón e incorpore a los ingredientes anteriores, mezclando todo muy bien. Vierta esta mezcla al aceite caliente por cucharadas, fría cada una por los dos lados y colóquelas sobre papel absorbente.

Desvene los chiles y cuézalos con los tomates, después muélalos junto con la cebolla y el ajo, cuele y guise para hacer un caldillo. En el último hervor agregue las albóndigas y sirva inmediatamente.

Para 6 personas

Tortitas de avena

2 tazas de avena
1 cebolla
4 ramitas de epazote
sal y pimienta al gusto

Desmorone la avena con las manos hasta deshacerla, agregue la cebolla picadita y el epazote, sal y pimienta al gusto. Revuelva con agua, la necesaria, hasta formar una masa. Haga las tortitas y fríalas en poco aceite; también se pueden asar en el comal.

Para 6 personas

Milanesas de trigo

1/2 kg de trigo germinado
1 cebolla
4 dientes de ajo
1 ramito de cilantro, perejil o epazote
2 huevos
1 taza de germen de trigo

A partir del tercer paso use el trigo germinado, agregue la verdura picadita y sal al gusto, y muela en el molino. Con esa masa haga tortillas, de preferencia usando una tortilladora manual. Páselas por el comal para que se sequen, extiéndalas en la mesa y cuando se enfríen, páselas por huevo revuelto con sal; empanícelas y fríalas con poco aceite o mantequilla.

Se sirven acompañadas de ensalada y frijoles.

Se pueden empanizar con germen de trigo para que absorban poca grasa.

Para 6 personas

Cómo germinar el grano de trigo

Primer paso:
Remoje el trigo de 8 a 12 horas (durante toda la noche), poniéndole suficiente agua hasta taparlo y aun más, porque el grano absorbe mucha agua.

Segundo paso:
Ponga el trigo a escurrir en un colador de plástico, tirándole el agua y poniéndolo en un lugar aireado. Manténgalo húmedo hasta que empiecen los brotes.

Tercer paso:
Cocínelo durante 15 minutos.

Cuarto paso:
Escurra el agua y déjelo enfriar.

Posteriormente muélalo en molino.

A partir de este paso puede hacer infinidad de recetas a base de trigo.

Croquetas de trigo

1/2 kg de trigo germinado
2 huevos
1 pimiento morrón
1 cebolla chica
3 cucharadas de germen de trigo
2 zanahorias ralladas
1 ramito de perejil
3 dientes de ajo

El trigo se utiliza en el tercer paso. Deje enfriar afuera del agua, y muela con la cebolla, sal y ajo. Pique el pimiento morrón en trocitos, acitrónelo y agréguelo al trigo molido. También agregue las zanahorias rallada y el perejil picado.

Haga las croquetas y métalas al horno.

Acompáñelas con ensalada. Puede hacerlas sin huevo y asadas en el comal.

Para 4 personas

Ceviche

2 tazas de trigo germinado
1/2 kg de jitomate
1 aguacate
1 cebolla chica
4 chiles serranos
1 ramito de cilantro
2 zanahorias ralladas
5 limones (jugo)

El trigo se utiliza en el tercer paso. Escurra el agua, agregue el jugo de limón y déjelo 20 minutos. Después añada el jitomate, la cebolla, el cilantro y el chile picados finamente. Agregue la zanahoria rallada, el aguacate en cuadritos y sal al gusto.

Para 4 personas

Calabacitas rellenas

1 kg de calabacitas
1/2 cebolla
1 manojo de cilantro
2 elotes
1/2 kg de queso

Lave las calabacitas y quíteles las puntas. Póngalas a cocer al dente, después córtelas a lo largo, quíteles la pulpa con una cuchara, dejando hueca la media calabacita.

Corte la pulpa en trocitos junto con la cebolla y el cilantro, agregue los granos de elote ya cocidos, mezcle todo y rellene las calabacitas. Agregue el queso encima y acomódelas en una sartén con media taza del agua en la que se cocieron. Tápelas y póngalas a fuego lento para que se derrita el queso.

Para 4 personas

Birria tapatía

1 kg de setas u hongos
1/2 kg de jitomates
6 chiles guajillos que no piquen
8 dientes de ajo
1 cebolla chica

Ponga a cocer los jitomates y los chiles desvenados. Lave muy bien los hongos y córtelos en tiras.

Licue los jitomates junto con los chiles y la cebolla. Pique el ajo finamente y fríalo junto con los hongos en poco aceite; cuando acitrone, agregue el licuado, colándolo previamente.

Para 6 personas

Chop suey

1 taza de zanahoria rallada
1 taza de apio finamente picado
1 taza de chayote picado
2 tazas de germinado de soya
1 cebolla picada
1 taza de hongos picados en cuadritos
1/2 taza de perejil picado
4 dientes de ajo picados
salsa de soya al gusto
sal y pimienta al gusto

Ponga a cocer todas las verduras, menos el germinado, con poco aceite. Cuando ya estén al dente agregue el germinado, la salsa de soya, el perejil, la sal y la pimienta.

Déjelas a fuego lento durante 5 minutos.

Para 6 personas

Berenjenas rellenas

4 berenjenas chicas
1 1/2 taza de arroz integral
1 chile poblano
1 taza de crema
150 gr de queso Chihuahua
romero seco
aceite de oliva
sal al gusto

Corte las berenjenas a lo largo, úntelas de aceite de oliva y métalas al horno por espacio de una hora, para que la pulpa quede bien cocida.

Si no tiene horno, envuelva las berenjenas enteras en papel aluminio y póngalas a asar encima del comal, después córtelas a lo largo.

Saque la pulpa y córtela en trocitos. Revuélvala con el arroz, el chile poblano en rajas, la crema, el romero seco y sal al gusto. Rellene las berenjenas con este preparado, agregue queso por encima y gratínelas en el horno.

Para 4 personas

Filete de berenjena

2 berenjenas grandes
4 huevos
1 taza de germen de trigo
sal y pimienta al gusto

Pele las berenjenas y córtelas a lo largo, en rebanadas.

Remójelas durante 20 minutos en agua con sal, escúrralas, páselas por el huevo batido con sal y pimienta, y después por el germen de trigo. Fríalas por los dos lados.

Acompáñelas con salsa de jitomate y guacamole.

Para 4 personas

Alcachofas mediterráneas

6 alcachofas grandes
1 cabeza de ajos
1/2 litro de aceite de oliva
5 ramitas de perejil
tomillo
sal y pimienta al gusto

Tome las alcachofas lavadas hacia abajo para golpearlas en la mesa y abrirlas un poco. Acomódelas en un refractario y báñelas con aceite de oliva. Dentro de cada alcachofa agregue ajo picado finamente, perejil, tomillo, sal y pimienta.

Hornéelas durante una hora a 200 °C para que queden bien cocidas.

Se pueden acompañar de ensalada.

Para 4 personas

Alcachofas con albahaca

6 alcachofas
1/2 kg de jitomates
1 cebolla mediana
2 ramitas de albahaca fresca
150 gr de queso para gratinar
aceite
sal al gusto

Ponga a cocer las alcachofas y los jitomates pelados, después muélalos sin agua. Acitrone con poco aceite la cebolla picada finamente, agregue el jitomate y déjelo hervir. Añada sal al gusto y las ramitas de albahaca. Agregue las alcachofas de una por una y póngales un trozo de queso.

Tape el recipiente y déjelo a fuego lento para que se gratine el queso. Sírvalas con bastante salsa.

El platillo que puede acompañar este guisado es el arroz blanco.

Para 4 personas

Papas al horno

8 papas medianas
1 poro
50 gr de mantequilla
1 huevo
1 litro de caldo de verdura
100 gr de queso para gratinar
2 dientes de ajo
nuez moscada
sal y pimienta al gusto

Pele las papas y córtelas en crudo en rodajas delgaditas, al igual que el poro.

En un molde engrasado ponga una capa de papas aderezadas con sal, pimienta y nuez moscada, una capa de poro aderezado de la misma forma, y repítalo hasta que se terminen las papas y el poro.

Bañe todo esto con el caldo licuado con el huevo y métalo al horno durante una hora a 200 °C. Cuando ya esté casi cocido, agregue el queso y déjelo en el horno hasta que se gratine.

Para 4 personas

Jitomates rellenos

4 jitomates grandes
1 taza de aceitunas verdes
4 cebollitas de cambray
4 ramitas de perejil
1 taza de queso cottage
2 varitas de apio
orégano y sal al gusto
1 aguacate
1 taza de salsa de soya

Corte la parte superior de los jitomates, quíteles el relleno y agregue salsa de soya y orégano en su interior.

Mezcle el queso cottage con los demás ingredientes cortados finamente, revuelva todo y añada sal al gusto. Finalmente rellene los jitomates y adórnelos con una rebanada de aguacate.

Para 4 personas

Chayotes rellenos (1)

3 chayotes grandes
100 gr de queso chihuahua
150 gr de galletas saladas

Ponga a cocer los chayotes enteros. Cuando estén fríos, córtelos por la mitad, a lo largo, y con una cuchara quíteles la pulpa, teniendo cuidado de no romper la cáscara.

Haga puré la pulpa y revuélvala con el queso rallado, las galletas molidas y sal al gusto. Rellene los chayotes con esta pasta y póngales más galleta molida encima.

Métalos al horno durante 15 minutos a una temperatura de 175°C.

Para 4 personas

Chayotes rellenos (2)

3 chayotes grandes
1/2 kg de jitomate
1/2 cebolla
1 ramito de cilantro
1/2 kg de queso Oaxaca deshebrado

Ponga a cocer los chayotes enteros; cuando estén fríos pártalos a lo largo y quíteles la pulpa con cuidado para que no se rompa la cáscara.

Corte la verdura restante en trocitos junto con la pulpa del chayote; rellene con esto los chayotes y póngales el queso encima.

Acomódelos en una sartén con un poquito de agua en el fondo para que se cuezan al vapor y se gratine el queso.

Chayotes rellenos (3)

4 chayotes grandes
100 gr de queso cotija
4 ramitas e cilantro
1 cebolla mediana
10 gr de galletas saladas
1 pimiento morrón rojo

Ponga a cocer los chayotes enteros, después córtelos a lo largo y quíteles la pulpa con cuidado para no romper la cáscara.

Corte la pulpa en trocitos; pique finamente la cebolla, el pimiento y el cilantro. Acitrone la cebolla junto con el pimiento e incorpore el cilantro y la pulpa del chayote. Deje al fuego durante 10 minutos y retírelo. Después agregue las galletas molidas y revuelva.

Rellene los chayotes, añada el queso por encima y acomódelos en una sartén con poquita agua. Tápelos y déjelos a fuego lento para que gratinen.

Pastel de lentejas

200 gr de lentejas
100 gr de mijo
100 gr de espinacas
3 cebollas
2 huevos
4 ramitas de epazote
2 chilacas

Ponga a cocer por separado las lentejas y el mijo; ase las chilacas, pélelas, desvénelas y córtelas en rajitas; pique en trocitos las espinacas, las cebollas y el epazote, y fríalos en muy poco aceite.

Escurra las lentejas y el mijo, agréguelos al guisado y retírelo del fuego. También incorpore los huevos previamente batidos. Revuelva todo y vacíelo en un molde engrasado.

Hornéelas durante 40 minutos aproximadamente, a 200°C.

Sírvalo caliente acompañado de salsa de chile pasilla (ver recetas de chiles) y de ensalada.

Para 4 personas

Postres

Galletas de avena

2 tazas de avena
1 1/2 taza de harina integral
1/2 taza de moscabado
1/2 taza de miel
1/2 taza de leche
100 gr de nueces picadas
1/2 taza de aceite

Bata el aceite con el moscabado, agregue la harina y amase. Añada los demás ingredientes y continúe amasando hasta integrar perfectamente todos los ingredientes.

Forme las galletas, colóquelas sobre una charola engrasada y enharinada para hornearlas aproximadamente 30 minutos, a 200°C. ▩

Yogurt con mermelada

En una copa individual para postre, agregue yogurt frío y una cucharada de mermelada casera (ver recetas).

El yogurt es excelente para que haya buena digestión. ▩

▩ Para 4 personas

Pay de piña

1 1/2 taza de harina integral
1/2 taza de mantequilla
1 cucharada de royal
1 huevo
1 taza de azúcar moscabado
1/2 cucharada de sal
2 1/2 tazas de piña finamente picada
1/2 taza de agua
1 cucharada de maicena

Bata la mantequilla con media taza de azúcar y la sal; incorpore el royal y la harina, y amase. Agregue el huevo y añada agua (sólo la necesaria), poco a poco, para formar una masa suave y fácil de manejar. Extiéndala con el rodillo y acomódela en un molde engrasado y enharinado para rellenarla con la piña. Con la masa sobrante haga tiras para cubrir el pay.

La piña se pone a cocinar junto con el resto del azúcar y con la maicena disuelta en agua.

El pay se hornea durante 35 minutos, a 200 °C.

Hot-cakes

1 taza de harina integral
1/2 taza de germen de trigo
1 huevo
1 taza de leche
1 cucharada de vainilla natural

Incorpore todos los ingredientes y revuelva perfectamente para que no se formen grumos. Caliente una sartén con muy poca mantequilla y escúrrala. Vierta una cucharada de la pasta y extiéndala bien girando la sartén. Cuando haga burbujas en la orilla, voltee el hot-cake para cocerlo de los dos lados.

Sírvalos con mantequilla, miel o fruta en almíbar (ver recetas de frutas).

Para 4 personas

Muesly

2 tazas de trigo quebrado
2 manzanas ralladas
1/2 taza de nuez en trocitos
2 limones
1/2 taza de pasitas
1/2 litro de yogurt
1/2 taza de ajonjolí
miel al gusto

Remoje el trigo desde la víspera. Por la mañana, cuézalo a que quede al dente, escúrralo y revuélvalo con los demás ingredientes.

Para 4 personas

Ajonjolí con hot-cakes

Agregue ajonjolí a la pasta para hot-cakes.

El ajonjolí es un alimento con un excelente contenido de calcio asimilable. Recomendado para niños, mujeres embarazadas y mujeres pre-menopáusicas, ya que son las etapas en que más calcio requiere el organismo.

Granola

2 tazas de avena
1/2 taza de semillas de girasol
1/2 taza de semillas de calabaza
1/2 taza de ajonjolí
1 taza de pasitas
1/2 taza de cacahuates
1/2 taza de nuez en trocitos
1 taza de coco rallado
1 taza de salvado
1 taza de amaranto
1/2 taza de azúcar moscabado
1/2 taza de miel
1/2 taza de aceite

Revuelva todas las semillas, menos las pasitas y el amaranto, y colóquelas sobre una charola.

Disuelva el azúcar en poquita agua y añádala junto con el aceite.

Hornéela el tiempo necesario para que se doren perfectamente las semillas, puede ser de 45 a 60 minutos, a 200 °C, revolviendo cada 10 minutos. Al sacarla, agregue la miel, las pasitas y el amaranto.

Manzanas con yogurt

6 manzanas
miel al gusto
canela en polvo
1/2 litro de yogurt

A las manzanas se les hace un hoyo en la parte superior. Báñelas de canela y miel, acomódelas en un molde y hornéelas durante 30 minutos, a 200 °C.

Cuando las sirva, acompáñelas del jugo que soltaron y agregue yogurt encima de cada manzana.

Dátiles y ciruela pasa rellenos

10 dátiles grandes
10 ciruelas pasa
1/2 kg de cacahuates pelados y horneados sin sal
vainilla al gusto

Muela el cacahuate en la picadora hasta formar una mantequilla y agregue la vainilla.

Quite la semilla a la fruta, cuidando que no se rompa, y rellénela con la mantequilla de cacahuate.

Ciruela de abril

10 ciruelas pasa
5 nueces en mitades

Quite la semilla a las pasas, sin romperlas, y rellénelas con la nuez.

Flan con jugo de naranja

1/2 litro de jugo de naranja
1/2 kg de dátiles
2 cucharadas de maicena
2 huevos
1 taza de amaranto

Con los dátiles pelados haga un puré y disuélvalo en el jugo de naranja. Revuelva los huevos y la maicena, póngalos al fuego y añada poco a poco el jugo de naranja y el amaranto, sin dejar de mover durante ocho minutos.

En moldes individuales, ponga una capita de amaranto en el fondo, vacíe encima el flan y déjelo enfriar.

En lugar de amaranto puede agregar harina de algarrobo disuelta en un poquito de agua.

Flan estrella

1 litro de leche
2 cucharadas de maicena
2 cucharadas de vainilla
5 huevos
100 gr de azúcar
50 gr de nuez en mitades
25 gr de pasitas
canela molida

Licue la leche con los huevos, la vainilla, la maicena y el azúcar. En un molde refractario espolvoree canela y forme una estrella con las nueces. Después vacíe el licuado y agregue las pasitas, esparcidas.

Tape el molde con papel aluminio y póngalo a baño María en el horno durante una hora.

Helado de zarzamora con soya

1/2 kg de zarzamoras
1/2 kg de miel
2 litros de leche de soya
3 yemas de huevo
vainilla al gusto

Ponga a hervir la leche de soya (ver índice) con la vainilla durante 10 minutos a fuego medio. En el último hervor agregue la miel y apague el fuego.

En medio vaso de leche bata las yemas y agréguelas a la demás leche. Póngala de nuevo al fuego y retírela antes de que hierva. Déjela enfriar. Agregue las zarzamoras machacadas y bata (con batidora eléctrica o manual) hasta que queden bien incorporadas.

Coloque la mezcla en un molde y métala en el congelador (puede agregar zarzamoras enteras cuando empiece a cuajar) durante 2 horas y media.

Puede hacer el helado con otras frutas y con leche de vaca.

Bolitas nena

1/2 kg de fresa
1/2 kg de amaranto
1 raja de canela
1/2 kg de piloncillo en conos grandes

Lave las fresas, muélalas sin agua y póngalas al fuego con un cono de piloncillo. Agregue la canela meneando constantemente.

Cuando el piloncillo se haya derretido, pruébelas, y agregue más piloncillo si es necesario. Deje en el fuego durante 15 minutos y después retírelas para que se enfríen.

Quite la canela y añada amaranto hasta que quede una masa que se pueda moldear con las manos. Haga las bolitas y colóquelas en moldes de papel rojos o blancos.

Bolitas Paty de pinole

1/2 kg de zarzamoras
1/2 kg de pinole sin azúcar
1/2 kg de piloncillo
1 rajita de canela

Lave las zarzamoras, muélalas sin agua y póngalas al fuego con el piloncillo y la canela, meneando constantemente hasta que se derrita el piloncillo. Deje en el fuego durante 10 minutos y después retírelas para que se enfríen.

Quite la canela de la mermelada, agregue la mitad del pinole y amase; el resto se agrega poco a poco hasta lograr una masa que se pueda moldear con las manos. Haga las bolitas y colóquelas en moldes de papel blancos.

Bebidas

Naranja con papaya

Licue un vaso de jugo de naranja con un trozo de papaya.

Naranja con guayaba

Licue un vaso de jugo de naranja con una guayaba mediana y cuélelos.

Fresas con coco

1/2 taza de fresas lavadas y desparasitadas
1 trozo de coco fresco
1 vaso de agua de coco

Licue y cuele todos los ingredientes. Puede agregar miel o melaza.

Naranja con zapote negro

Licue un vaso de jugo de naranja con medio zapote negro.

Jugo de piña

Puede hacerlo en el extractor o bien, cortar la piña a lo largo, envolverla en una servilleta de tela y exprimirla.

Jugo de piña con naranja

Mezcle un vaso de jugo de piña con un vaso de jugo de naranja.

Jugo de piña con mandarina

Mezcla un vaso de jugo de piña con un vaso de jugo de mandarina.

Mandarina con fresa

Licue un vaso de jugo de mandarina con media taza de fresas lavadas y desparasitadas.

Mandarina con pera

Licue un vaso de jugo de mandarina con una pera.

Lechada de nuez

1/2 taza de nuez
2 vasos de agua
miel al gusto

Licue todos los ingredientes y sirva la lechada fría.

Las nueces se usan para acompañar la ensalada de fruta, de verduras, junto con otras frutas secas para picar a media mañana. Se pueden agregar a los hot-cakes o a la avena.

Lechada de almendras

7 almendras
1 vaso de agua
miel o melaza al gusto

Remoje las almendras en agua caliente y pélelas. Después las licua con el agua fría y la miel.

Las almendras se usan para acompañar la ensalada de frutas o la de verduras, junto con la fruta seca para picar a media mañana, se agrega a la avena, a la pasta de hot-cakes, también se puede agregar al arroz.

Bebida de trigo germinado

1 taza de trigo germinado
1/2 papaya
2 plátanos
2 litros de agua
miel o melaza de piloncillo al gusto

El trigo se utiliza en el segundo paso. Licue con poca agua para que quede bien molido; después agregue la fruta y más agua y licue nuevamente todo junto. Endúlcelo y sírvalo con hielo.

Elaboración de yogurt

2 litros de leche
1 vasito de yogurt natural

Hierva la leche si es recién ordeñada. Si es pasteurizada, solamente caliéntela, para que quede tibia. Incorpore el yogurt y remuévalo con cuchara de madera.

Cubra el recipiente con un mantel y déjelo cerca del piloto de la estufa, de 4 a 6 horas, dependiendo del clima. Después de ese tiempo guárdelo en el refrigerador.

Lechada de ajonjolí

4 cucharadas de ajonjolí tostado
1 vaso de agua
3 dátiles sin semilla
miel al gusto

Licue el ajonjolí con los demás ingredientes.

Atole de trigo germinado

2 tazas de trigo germinado
2 litros de agua
1 rajita de canela
miel o melaza de piloncillo

Después del tercer paso, licue el trigo con agua y póngalo al fuego con canela; déjelo hervir durante 10 minutos y endúlcelo.

Las múltiples formas de usar el trigo germinado han sido difundidas por el doctor Jesús Lex, médico naturista, mexicano, quien se ha preocupado por difundir la buena alimentación.

Yogurt con fresas

1/2 taza de fresas
1 taza de yogurt
miel al gusto

Muela las fresas lavadas y desparasitadas con la miel y agréguelas al yogurt.

Si desea el yogurt para beber, lícuelo junto con las fresas. Se puede hacer igual con cualquier otra fruta.

Avena ligera

1 taza de avena
2 tazas de agua
1 rajita de canela
8 nueces en mitades
una pizca de sal
miel al gusto

Caliente el agua junto con la canela. Cuando suelte el hervor, agregue una pizca de sal, incorpore la avena y deje en el fuego 5 minutos.

Apague el fuego y tape durante 5 minutos.

Sírvala caliente y agregue la miel y las nueces en trocitos.

Opcional: Para niños, agregue leche o yogurt a la hora de servirla. Para adultos, use leche o yogurt bajo en grasa.

La avena también se puede agregar a la ensalada de frutas o a la pasta para preparar hot-cakes.

Avena con jugo de naranja

1 taza de avena
3 vasos de jugo de naranja

Licue los ingredientes juntos. Si lo desea, puede endulzar con miel o con dátiles.

Lechada de avena

1 taza de avena
3 vasos de agua
1 rajita de canela
2 cucharadas de melaza

Licue todos los ingredientes juntos y sírvala fría.

Tablas de valor nutritivo de los alimentos

Clasificación de los alimentos

ALIMENTOS FRÍOS	ALIMENTOS CALIENTES	ALIMENTOS TEMPLADOS
aguacate	chile	jitomate
calabaza grande	cebolla	ajonjolí
pera	ajo	papa
maíz amarillo	amaranto	plátano
huevo	cacao	mantequilla
verdolaga	piña	crema
camote	mango	trigo
zapote	melón	pan
frijolón	uva	tortilla
haba	naranja	maíz blanco
garbanzo	calabacita	lechuga
rábano	vaca	papaya
maguey	gallina	manzana
sávila	tamarindo	chayote
sandía	maíz azul	yuca
tomate	miel	
pepino	avena	
coliflor	acelga	
limón	quelite	
novillo capado	lenteja	
chícharo	cacahuate	
gallo	chocolate	
leche y queso		

Fuente: Curso de capacitación en servicios prioritarios en salud y terapias holísticas, CICSH, Oaxaca, México, 1994. (CICSH: Centro Internacional de Capacitación en Salud Holística.)

Elementos nutricionales del nopal (valores por cada 100 gr de porción comestible)

Energía	27 kcal	Retinol	41 mcg
Proteína	1.7 gr	Tiamina (b1)	0.03 mg
Grasa	0.3 gr	Riboflavina (b2)	0.06 mg
H. de carbono	5.6 gr	Niacina	0.3 mg
Calcio	93 mg	Ácido ascórbico	8 mg
Hierro	1.6 mg		

Fuente: Los recursos del nopal, Secc. Comer bien, vivir mejor, en Cuadernos de nutrición, SEP, México, 1986.

Elementos nutricionales del maíz (valores por cada 100 gr de porción comestible)

	MASA CACAHUAZINTLE	MAÍZ ENTERO	MAÍZ CRUDO	GRANO HARINA
Calorías	189	364	348	368
Proteínas	4.4	11.7	8.9	7.8
Grasa	2.2	4.7	3.9	2.6
Carbohidratos	38.5	70.8	72	76.8
Calcio	88	159	22	6
Hierro	1.7	2.2	2.1	1.8
Fósforo			268	164
Magnesio			147	106
Sodio			1	1
Potasio			284	
Retinol			20	400
Tiamina	.17	.31	.3	.12
Riboflavina	.05	.24	.01	.10
Niacina	.8	3.1	.1	1.4
A. ascórbico			46	9

Fuente: Chávez M., Margarita, *Nutrición efectiva = a comida vegetariana*, Editorial Diana, México, 1988.

Elementos nutricionales del maíz
(valores por cada 100 gr de porción comestible)

	PAN MAÍZ	MAÍZ NEGRO	MAÍZ PALOMERO	ELOTE CRUDO	ELOTE COCIDO
Calorías	207	366	365	96	91
Proteínas	7.4	8	12.2	3.5	3.3
Grasa	7.2	4.3	4.6	1.0	1.0
Carbohidratos	29.1	74.6	71.1	22	21
Calcio	120	159	17	3	93
Hierro	1.1	2.5	1.8	7	3.1
Tiamina	.20	.60		.37	.10
Riboflavina	.06	.43	.14	.12	.20
Niacina	1.4	.10	2.6	2.2	.6
Fósforo	211			111	51
Magnesio				48	88
Sodio	628				71
Potasio	157			280	470
Retinol	340	5	9	490	400

Fuente: Chávez M., Margarita, *Nutrición efectiva = a comida vegetariana*, Editorial Diana, México, 1988.

*Valor alimenticio de los chiles**
(valor estimado en 100 gr del producto)

	CHILE CRISTALINO	CHILE CHILACA	CHILE HABANERO	CHILE JALAPEÑO
Prod. comestible	0.84	0.84	0.84	O.87
Energía (kcal)	32	32	31	23
Proteínas (gr)	1.7	1.5	2.2	1.2
Grasas (gr)	0.2	0.3	0.8	0.1
Carbohidratos (gr)	7.3	7.3	5.3	5.3
Calcio (mg)	21	40	18	25
Hierro (mg)	3.3	4.0	2.4	2.0
Tiamina (mg)	0.12	0.08	0.11	0.06
Riboflavina (mg)	0.06	0.06	0.16	0.04
Niacina (mg)	1.0	1.0	0.7	0.6
A. ascórbico (mg)	252	178	94	72
Retinol (mcg)	13	194	59	28

* Todos los chiles son frescos.

Fuente: Puente, Mauricio de la, *El chile*, Universidad de las Américas, Puebla, 1994.

*Valor alimenticio de los chiles**
(valor estimado en 100 gr del producto)

	CHILE POBLANO	CHILE LARGO	CHILE SERRANO	CHILE TROMPITO
Prod. comestible	0.80	0.84	0.95	0.84
Energía (kcal)	48	18	35	33
Proteínas (gr)	2.6	2.7	2.3	1.6
Grasas (gr)	0.6	0.2	0.4	0.3
Carbohidratos (gr)	10.4	2.6	7.2	7.5
Calcio (mg)	30	46	35	42
Hierro (mg)	3.3	3.6	1.6	3.6
Tiamina (mg)	0.14	0.21	0.14	0.09
Riboflavina (mg)	0.06	0.15	0.05	0.07
Niacina (mg)	1.0	1.4	1.3	1.2
A. ascórbico (mg)	364	120	65	320
Retinol (mcg)	41	42	56	79

*Todos los chiles son frescos.

Fuente: Puente, Mauricio de la, *El chile*, Universidad de las Américas, Puebla, 1994.

*Valor alimenticio de los chiles**
(valor estimado en 100 gr del producto)

	CHILE CHILILLO	CHILE ANCHO	CHILE CASCABEL	CHILE CHIPOTLE
Prod. comestible	0.80	0.68	0.84	0.84
Energía (kcal)	101	334	312	293
Proteínas (gr)	3.5	11.5	12.9	14.1
Grasas (gr)	3.8	9.8	6.4	6.3
Carbohidratos (gr)	17.0	62.7	63.6	57.6
Calcio (mg)	64	94	142	255
Hierro (mg)	2.1	5.7	4.7	6.1
Tiamina (mg)	0.92	0.18	0.22	0.28
Riboflavina (mg)	0.10	1.03	0.86	0.72
Niacina (mg)	3.9	5.3	8.9	9.8
A. ascórbico (mg)	20	76	55	0
Retinol (mcg)	41	3081	1716	459

* El chile chilillo es fresco, los chiles ancho, cascabel y chipotle son secos.

Fuente: Puente, Mauricio de la, *El chile*, Universidad de las Américas, Puebla, 1994.

*Valor alimenticio de los chiles**
(valor estimado en 100 gr del producto)

	CHILE GUAJILLO	CHILE MORITA	CHILE MULATO	CHILE PASILLA
Prod. comestible	0.84	0.84	0.68	0.60
Energía (kcal)	302	297	298	327
Proteínas (gr)	11.6	13.2	9.6	12.7
Grasas (gr)	8.6	5.4	5.1	9.6
Carbohidratos (gr)	56.7	61.1	65	60.5
Calcio (mg)	140	150	98	154
Hierro (mg)	10.1	7.7	12.8	6.3
Tiamina (mg)	0.19	0.22	0.22	0.37
Riboflavina (mg)	0.94	1.04	0.73	1.20
Niacina (mg)	9.8	4.8	155.3	
A. ascórbico (mg)	100	79	108	68
Retinol (mcg)	3281	993	4333	9030

* Todos los chiles son secos.

Fuente: Puente, Mauricio de la, *El chile*, Universidad de las Américas, Puebla, 1994.

Valores alimenticios del amaranto
Unidad Neta de Proteína (UPN)

Alimentos	UPN
Maíz	44
Trigo	60
Soya	68
Leche	72
Amaranto	75

Fuente: Granados López, Diódoro y López Ríos, Georgina F., *Chinampas, historia y etnobotánica de la alegría*, Universidad Autónoma de Chapingo, México, 1986.

Por lo general los cereales carecen de lisina, aminoácido muy importante para la salud óptima de los humanos. En el amaranto se encuentra la lisina necesaria.

Comparación en la composición de semillas de amaranto y otros cereales

	ENERGÍA CAL	PROTEÍNA GR	GRASA GR	TOTAL GR	FIBRA GR	CALCIO MG	HIERRO MG
Cereales	342	11.0	2.7	73	2.1	30	330
Amaranto	391	15.3	7.12	63.1	2.89	490	455

Fuente: Análisis de Laboratorio de Indigenous Food Consultation Inc. Ann Arbor Michigan (patrocinado por Rodale Research and Development), Marroquin, 1980.

Composición de los aminoácidos esenciales

Aminoácido	Proteína ideal	Amaranto	Leche de vaca	Trigo
Tereonina	11.1	11.4	9.4	8.9
Valina	13.9	10.6	12.3	13.5
Leucina	19.4	14.8	20.2	20.4
Isoglucina	11.1	10.2	10.0	10.0
Lisina	15.3	16.6	16.5	8.7
Metionina	9.7	11.2	7.0	12.3
Fenilalanina	16.7	23.1	21.5	22.9
Triptofano	2.8	2.1	3.0	3.3
Calidad proteica	100	75	72	56

Fuente: Análisis de laboratorio de Indigenous Food Consultation Inc. Ann Arbor Michigan (patrocinado por Rodale Research and Development), Marroquin, 1980.

Valor alimenticio del amaranto como hortaliza en comparación con la espinaca (en 100 gr de hojas frescas y tiernas)*

	AMARANTO	ESPINACA		AMARANTO	ESPINACA
Humedad	86.9 %	90.7%	Riboflavina	14.42 mg	0.0002
Proteína	3.5 gr	3.2 gr	Niacina	0.0014 gr	0.0006 gr
Calcio	0.267 gr	0.093 gr	A. ascórbico	0.080 gr	0.051 gr
Hierro	0.0039 gr	0.0031 gr			
Vitamina A	6100 UI	8100 UI			
Tiamina	0.00008 gr	0.0001 gr			

* El contenido proteico de las hojas de amaranto en materia seca es de 33% y su digestibilidad, comparable a la carne de res, huevo y triticale.

Fuente: Análisis de laboratorio de Indigenous Food Consultation Inc. Ann Arbor Michigan (patrocinado por Rodale Research and Development), Marroquin, 1980.

*Composición del amaranto**
(en 100 gr de semilla)

Proteína	15 a 16 gr	Niacina	1.15 mg
Magnesio	270.00 mg	Energía	391.00 cal
Grasa	3.1 a 6.3 gr	Hierro	15.00 mg
Fibra	0.50 mg	Tiamina	0.26 mg
Carbohidratos	60.70 gr	Cobre	0.70 mg
Digestibilidad	80.40 mg	Riboflavina	0.15 mg
Calcio	490.00 mg	Caroteno	4.6 mg
Valor biológico	73.70 de 100	Eficiencia (provitamina A) de la proteína	2.12mg
Fósforo	397.00 a 691 mg		
Ácido ascórbico	61.50 mg		

*Además del hecho de realizar un rescate cultural de nuestros pueblos, los datos que contiene este cuadro nos dan la seguridad para recomendar y promover el cultivo y consumo del amaranto.

Fuente: Análisis de laboratorio de Indigenous Food Consultation Inc. Ann Arbor Michigan (patrocinado por Rodale Research and Development), Marroquin, 1980.

Valores nutricionales del yogurt de leche entera

LÍPIDOS		MINERALES	
Grasas totales gr	3.30	Calcio mg	121.00
Colesterol mg	13.00	Fósforo mg	95.00
Saturados totales gr	2.10	Magnesio mg	12.00
Monoinsaturados (oleico) gr	0.74	Sodio mg	46.00
Poliinsaturados (linoleico) gr	0.06	Potasio mg	155.00
		Piridoxina mg	0.03
		Zinc mg Ácido fólico mcg	7.00

VITAMINAS	
Retinol mcg	30.00
Ácido ascórbico mg	1.00
Tiamina mg	0.03
Riboflavina mg	0.14
Niacina mg	0.10
Cobalamina mcg	0.37

Yogurt con leche semidescremada

LÍPIDOS	
Grasas totales gr	1.60
Colesterol mg	6.00
Saturados totales gr	1.00
Monoinsaturados (oleico) gr	0.5
Poliinsaturados (linoleico) gr	0.03

MINERALES	
Calcio mg	183.00
Fósforo mg	144.00
Hierro mg	0.10
Magnesio mg	17.00
Sodio mg	70.00
Potasio mg	234.00
Zinc mg	

VITAMINAS	
Retinol mcg	16.00
Ácido ascórbico mg	1.00
Tiamina mg	0.04
Riboflavina mg	0.21
Niacina mg	0.10
Piridoxina mg	0.05
Ácido fólico mcg	11.00
Cobalamina mcg	0.56

Fuente: Muñoz de Chávez, Miriam, Investigadora INC, y Chávez Villasana, Adolfo, Subdirector de INN, *Tablas de valor nutritivo de los alimentos de mayor consumo en México*, Editorial Pax, México, 1996.

Trigo entero
100 gr de alimento crudo en peso neto.

LÍPIDOS		MINERALES		VITAMINAS	
Grasas totales gr	2.60	Calcio mg	58.00	Retinol mcg	0.00
Colesterol mg	0.00	Fósforo mg	331.00	Ácido ascórbico mg	0.00
Saturados totales gr	-	Magnesio mg	160.00	Tiamina mg	0.59
Monoinsaturados (oleico) gr	-	Sodio mg	73.00	Riboflavina mg	0.22
Poliinsaturados (linoleico) gr	-	Potasio mg	370.00	Niacina mg	4.40
		Zinc mg	-	Piridoxina mg	
				Ácido fólico mcg	
				Cobalamina mcg	

Avena (hojuelas)
100 gr de alimento crudo en peso neto.

LÍPIDOS		MINERALES		VITAMINAS	
Grasas totales gr	6.0	Calcio mg	52.00	Retinol mcg	0.00
Colesterol mg	0.00	Fósforo mg	264.00	Ácido ascórbico mg	0.00
Saturados totales gr	1.16	Hierro mg	4.20	Tiamina mg	0.73
Monoinsaturados (oleico) gr	2.21	Magnesio mg	148.00	Riboflavina mg	0.14
Poliinsaturados (linoleico) gr	2.44	Sodio mg	4.00	Niacina mg	0.80
		Potasio mg	350.00	Piridoxina mg	0.12
		Zinc mg	3.07	Ácido fólico mcg	32.00
				Cobalamina mcg	-

Arroz integral
100 gr de alimento crudo en peso neto

LÍPIDOS		MINERALES		VITAMINAS	
Grasas totales gr	1.90	Calcio mg	32.00	Retinol mcg	0.00
Colesterol mg	0.00	Fósforo mg	231.00	Ácido ascórbico mg	0.00
Saturados totales gr		Hierro mg	1.60	Tiamina mg	0.34
Monoinsaturados (oleico) gr		Magnesio mg	106.00	Riboflavina mg	0.05
Poliinsaturados (linoleico) gr		Sodio mg	9.00	Niacina mg	4.70
		Potasio mg	214.00	Piridoxina mg	0.30
		Zinc mg	0.20	Ácido fólico mcg	
				Cobalamina mcg	

Arroz pulido
100 gr de alimento crudo en peso neto

LÍPIDOS		MINERALES		VITAMINAS	
Grasas totales gr	1.00	Calcio mg	10.00	Retinol mcg	0.00
Colesterol mg	0.00	Fósforo mg	104.00	Ácido ascórbico mg	0.00
Saturados totales gr		Hierro mg	1.10	Tiamina mg	0.28
Monoinsaturados (oleico) gr		Magnesio mg	28.00	Riboflavina mg	0.03
Poliinsaturados (linoleico) gr		Sodio mg	0.00	Niacina mg	1.60
		Potasio mg	214.00	Piridoxina mg	0.30
		Zinc mg	0.02	Ácido fólico mcg	6.00
				Cobalamina mcg	0.00

Fuente: Muñoz de Chávez, Miriam, Investigadora INC, y Chávez Villasana, Adolfo, Subdirector de INN, *Tablas de valor nutritivo de los alimentos de mayor consumo en México*, Editorial Pax, México, 1996.

Soya (semillas)
100 gr de alimento crudo en peso neto

LÍPIDOS		MINERALES		VITAMINAS	
Grasas totales gr	17.70	Calcio mg	226.00	Retinol mcg	2.00
Colesterol mg	0.00	Fósforo mg	730.00	Ácido ascórbico mg	0.00
Saturados totales gr	2.88	Hierro mg	8.40	Tiamina mg	1.10
Monoinsaturados (oleico) gr	4.35	Magnesio mg	280.00	Riboflavina mg	0.31
Poliinsaturados (linoleico) gr	9.93	Sodio mg	2.00	Niacina mg	0.38
		Potasio mg		Piridoxina mg	0.30
		Zinc mg	4.89	Ácido fólico mcg	375.00
				Cobalamina mcg	0.00

Fuente: Muñoz de Chávez, Miriam, Investigadora INC, y Chávez Villasana, Adolfo, Subdirector de INN, *Tablas de valor nutritivo de los alimentos de mayor consumo en México*, Editorial Pax, México, 1996.

COCINA MEXICANA
VEGETARIANA HOY
PRIMERA EDICIÓN
ABRIL 5, 2001
IMPRESIÓN Y ENCUADERNACIÓN:
ARTE Y EDICIONES TERRA
OCULISTAS NO. 43
COL. SIFÓN
MÉXICO, D.F.